U0113690

极简中国史

南北朝

概述及帝王全览

罗致平◎著

中国文史出版社

图书在版编目（CIP）数据

极简中国史·南北朝概述及帝王全览／罗致平 著.
—北京：中国文史出版社，2022.10
　　ISBN 978-7-5205-3732-2

　　Ⅰ.①极… Ⅱ.①罗… Ⅲ.①中国历史–南北朝时代
–通俗读物 Ⅳ.①K209

　　中国版本图书馆 CIP 数据核字（2022）第 176169 号

责任编辑：詹红旗

出版发行：**中国文史出版社**

社　　址：北京市海淀区西八里庄路 69 号　　邮编：100142

电　　话：010-81136606　81136602　81136603（发行部）

传　　真：010-81136655

印　　装：廊坊市海涛印刷有限公司

经　　销：全国新华书店

开　　本：787 毫米×990 毫米　1/16

印　　张：15

字　　数：150 千字

版　　次：2022 年 12 月北京第 1 版

印　　次：2022 年 12 月第 1 次印刷

定　　价：45.00 元

前　言

自秦始皇统一中国以来，作为最高统治者的历代帝王，常常集国家权力于一身，是一国重大决策、重大事件和重要利害的相关者。阅读和研究中国封建历史，如果能够系统了解历朝历代帝王的在位时间、传承次序、更迭过程及其主要功过，也就大体上理清了相关朝代的历史脉络，掌握了历史重点。然而，我们所要了解的所有帝王，都记录在浩如烟海的历史典籍中。暂且不论购买能力、存放条件等客观因素，单就其中包含的历史知识、天文历法、官职地名、纪年干支，以及帝王庙号、年号、谥号、尊号等等来讲，均十分繁杂。一般读者，如果没有深厚的专业知识、完备的工具书、充裕的时间和愚公移山的精神，实在力所难逮。本书旨在满足广大读者的需求，简明扼要、系统连贯地呈现南北朝时期诸位帝王的传承过程、在位时间和主要功过。在介绍每个朝代和帝王之前，简述该朝代的建立背景、疆域范围、立国时限、传承概况、历史贡献和败亡教训，让读者一目了然地对每个朝代和帝王有一个最基本的研判，最终达到快速了解相关朝代历史、增益知识、探究皇权传承过程和社会发展变化规律的目的。

诚然，心有所愿，尽力而为。由于学力水平等方面的限制，不足之处在所难免，真诚希望专家、学者和广大读者赐教。

作　者

2022 年 12 月

目　录

南北朝概述

　　南北朝是中国南方和北方仍处于分裂状态的南朝和北朝的统称，为汉末三国以来长达 370 年乱世的后期。历史学家一般指公元 420 年刘裕取代自公元 317 年偏安江南的东晋建立南朝宋、至公元 589 年隋灭南朝陈期间的 169 年。这一时期南北对峙，朝代更迭，战争频仍，争权篡位，同室操戈，相互搏杀，多数年月民不聊生。

　　南朝承自东晋，由汉族建立。南朝宋、齐、梁、陈四个政权更迭，中间除梁元帝萧绎以江陵为都 3 年以外，其余均建都建康（今南京）。公元 420 年，被东晋恭帝封为宋王的刘裕，取代东晋建立刘宋；刘宋历 9 帝，共 60 年，为南朝疆域最大、国力最强、统治年代最长的一个政权。公元 479 年四月，被宋顺帝封为齐王的萧道成，取代刘宋建立齐国；齐立国 24 年，为南朝存续时间最短的王朝，但由于内斗激烈，共历 7 位皇帝。公元 502 年四月，南齐政权被萧道成同族弟南齐梁王萧衍取代，改称梁朝；梁朝存续 56 年，历经 5 位皇帝，其中武帝萧衍一人享国 48 年。公元 557 年十月，南梁陈王陈霸先代梁自立建陈；陈朝建立之初，疆域狭窄，号令不出千里，后经武帝陈霸先、文帝陈蒨努力，将疆域扩张到湘州一带，但仍然是南朝疆域最小、力量最弱的国家；陈朝前后存续 33 年，历 5 帝，公元 589 年一月亡于隋。

在刘裕建立南宋时，北方尚有北魏、北凉、北燕、西秦、西凉、大夏、后仇池等多个政权并立。之后，西凉于公元 421 年亡于北凉；西秦于公元 431 年亡于夏；鲜卑族拓跋珪于公元 386 年建立北魏，经拓跋珪、拓跋嗣父子拼杀开拓，至公元 423 年拓跋嗣子拓跋焘继位，先后灭夏、北燕，于公元 439 年灭北凉；公元 442 年五月，南朝刘宋大将裴方明攻占后仇池，后仇池杨难当率众投奔北魏拓跋焘，北方长达 140 多年的五胡十六国分裂割据局面方才结束，一统北方的北魏与南方各政权对峙。

北朝承自五胡十六国，北魏统治者为鲜卑拓跋部贵族；东、西魏统治者分裂于北魏皇室，掌握实权的高欢、宇文泰为北齐、北周实际奠基者；高欢为鲜卑化汉人，宇文泰为徙居代北的鲜卑宇文部后裔。北朝分别有北魏、东魏、西魏、北齐、北周五个政权。北魏分裂为东魏、西魏，北齐取代东魏，北周取代西魏，北周灭北齐，后北周随王杨坚代北周建立隋朝，北朝结束。

北魏于公元 386 年建立，至公元 534 年，北魏孝武帝元修脱离权臣高欢，从洛阳逃往长安，投靠北魏将领宇文泰；次年，宇文泰杀元修，立元宝炬为帝，史称西魏；同年十月，高欢立年仅 11 岁的北魏孝文帝元宏曾孙元善见为帝，建立东魏，北魏亡；北魏传 15 帝，历 149 年。高欢去世，长子高澄正欲篡位时被家奴刺杀，高澄弟高洋袭位后废东魏傀儡皇帝元善见，于公元 550 年五月即帝位建北齐，东魏亡；东魏历 1 帝 17 年。公元 556 年，掌握西魏政权的宇文泰去世，宇文泰三子宇文觉于次年废西魏恭帝自立，国号周，史称北周，西魏亡；西魏传 3 帝，历 23 年。公元 577 年北周灭北齐，北齐传 6 帝，历 28 年。公元 581 年，北周大丞相杨坚受禅代周称帝，改国号隋，北周亡；北周传 5 帝，历 25 年。之后隋于公元 589 年一月灭南朝陈，终结南北分裂统一全国。

南北朝前期仍为世族政治，社会阶层分为世族、齐民编户、依附户及奴婢。其间民族融合进一步加剧，北魏孝文帝改革加速少数民族汉化步伐，之后北朝官制模仿南朝，并沿袭至唐代。南北朝时期，政治控制与经济开发不断向边远地区深入，汉族与少数民族的接触联系日益频繁，加快了各民族融合的步伐和边疆的开发。

南朝概述

　　南朝（420 年—589 年）是从公元 420 年开始的 169 年间，中国历史上位于南方的四个王朝的统称。南朝上承东晋下启隋朝，其间政权更迭不断，皇位传承频繁，皇族自相残杀，权臣篡位夺权，历史悲剧屡屡重演。

　　公元 420 年，东晋权臣刘裕逼晋恭帝司马德文禅位建立刘宋。刘裕在世，虽然晋军在关中遭到惨败，但刘裕的威名足以震慑敌国。就在刘裕代晋以后，当时北方的西秦、北凉、后仇池、北魏、西凉、北燕均表示臣服。即使宋军仍然占领着原属北魏的黄河以南地区，北魏也保持同刘裕之间的和好关系，就是北方骄横的敌国大夏，也不敢轻易东出函谷。刘裕去世以后，北魏明元帝拓跋嗣立即对刘宋黄河南岸发起进攻，司州、青州、兖州和豫州大部落入北魏之手。与此同时，刘宋内部权力斗争渐趋白热化，辅政大臣徐羡之、傅亮等人诛杀少帝刘义符及其二弟刘义真，迎立荆州刺史刘义隆为帝，史称宋文帝。刘义隆继位以后，诛杀徐羡之等人，巩固了皇权，并开创史家所称的元嘉之治。

公元450年，刘宋与北魏爆发了强烈的军事冲突，双方虽然各有收获，但谁也无力吞并对方，最终瓜步山议和，双方收兵。公元453年，宋文帝太子刘劭弑父篡位，其弟江州刺史刘骏率军回京，诛杀刘劭自立，史称孝武帝。孝武帝残忍好杀，在位十余年间，先后杀死叔父刘义宣、弟弟刘休茂等众多宗室重臣，开启了刘宋宗室自相残杀的先河。

公元464年，孝武帝去世，年仅16岁的儿子刘子业继位，史称前废帝。刘子业狂暴淫乱，继续疯狂残杀宗室、名臣，公元465年，其叔父刘彧发动政变，杀死刘子业继位为帝，史称宋明帝。宋明帝刘彧继续诛杀孝武帝刘骏一系的大小诸王，最终将兄长刘骏子全部斩杀。公元472年，刘彧去世，儿子刘昱继位，史称后废帝。时明帝刘彧唯一在世的弟弟江州刺史刘休范偷袭建康，被右卫将军萧道成诛杀，因此而掌握大权的萧道成废杀刘昱，立刘昱弟刘準为帝，即刘宋亡国之君宋顺帝。不久，萧道成清除政敌以后，于公元479年取代刘宋建立了南齐政权。

南齐鉴于刘宋奢侈亡国的教训，萧道成大力提倡节俭，减免赋税，安抚流民，统治渐趋稳定。齐高帝萧道成在位4年后去世，太子萧赜继位，史称齐武帝。齐武帝时期，对外通好北魏，对内实行土断，南齐经济有所发展，国力有所增强，被后世称为永明之治。但在武帝后期，皇室逐渐腐化，吏治开始腐败。公元493年萧赜去世，皇太孙萧昭业继位，史称郁林王。萧赜堂弟尚书令萧鸾借口萧昭业无道，将其诛杀，另立萧昭业弟萧昭文为帝，萧鸾也因拥立之功独揽大权。萧鸾在尽杀有威胁的诸王以后，废掉萧昭文自立为帝，史称齐明帝。齐明帝在位4年，嗜杀无度，迷信鬼神，临终前告诫太子萧宝卷遇事要先下手为强。公元498年萧宝卷继位后，昏虐残暴，荒淫无耻，诛杀无度，先下手毒杀尚书令萧懿后，萧懿弟雍州刺史萧衍起兵杀死萧宝卷，另立萧宝融为帝。不久，萧衍取代萧齐建立梁朝。

萧衍认为东晋依靠世家大族而维系百年，但王室始终没有权力。而宋齐政权起自寒门，以诸王作为方镇大员，权力全部收归王室，以致寒门压制世家大族，却骨肉相残。因此，萧衍采取调和寒门与大族之间利益的折中办法，同时废除以典签监视诸王的有效措施，让诸王成为名副其实的藩镇。梁武帝前期励精图治，手下云集一批有才能的文臣武将，南方出现了魏晋以来从未有过的兴盛局面，30年间在与北魏的对抗中略占上风。而年老的梁武帝，疏离政务，用人失察，专心事佛，皇族离心。当时，专制东魏河南地区的大将侯景背叛东魏投降西魏，后又向梁朝表示愿意归顺。梁武帝萧衍力排众议接纳侯景，加封侯景为河南王。

公元549年，侯景发动叛乱，不久攻陷建康台城，86岁的梁武帝萧衍饿死在净居殿。大权在握的侯景，先让萧衍太子萧纲为帝，不久取代萧纲自立，梁朝深陷大乱。梁武帝众子置国难家仇于不顾，相互攻杀。经过一番你争我夺，公元552年，坐镇江陵的萧绎会同王僧辩、陈霸先击败侯景，萧绎继位，史称梁元帝。这时，东魏和西魏抓住梁朝四分五裂的机会争相南下，夺取梁朝之地。驻守益州的萧纪自立为帝后，于公元553年被西魏击败，西魏夺取益州；原驻防襄阳的萧詧投靠西魏，引西魏军进攻江陵的梁元帝萧绎，公元554年江陵城破萧绎被杀，萧詧在西魏保护下建立称为后梁的傀儡政权，萧詧为后梁宣帝。萧绎死后，长江下游的王僧辩和陈霸先推举元帝子萧方智为帝。不久，王僧辩迫于北齐压力，迎立萧渊明为帝。陈霸先趁机杀王僧辩，拥萧方智复位，进而控制梁朝大权。公元557年，陈霸先取代梁朝，建立了陈朝。

建立陈朝三年后陈霸先去世，陈霸先侄陈蒨继位，史称陈文帝。经过陈武帝、陈文帝接续努力，陈朝逐渐消灭了国内的割据势力，将疆域扩张到湘州一带，占据了长江中下游地区。陈蒨勤于政事，重视农业生产，陈朝进入安定发展时期。

公元 566 年，陈文帝病逝，其子陈伯宗继位，陈蒨弟陈顼辅政。公元 568 年，陈顼发动政变，废黜陈伯宗自立为帝，史称陈宣帝。公元 573 年，陈顼抓住北齐后主高纬不理政事之机，派大将吴明彻率领 10 万大军北伐，收复了淮河以南的土地。但陈宣帝最大理想仅为划淮而守，陈军并未继续北上。而北周武帝宇文邕利用陈军牵制北齐兵力之机，一举灭掉北齐后，于公元 577 年清口一战击败陈军，吴明彻与三万陈军束手就擒，淮南之地又被北周夺回。

公元 582 年，即隋朝建立的第二年，陈宣帝病逝，其子陈叔宝继位，史称陈后主。陈后主继位之初，励精图治，禁止奢侈，关心民生，但是不久，即抛开政务，终日与宠妃张丽华一起饮酒作乐，陈朝的政治跌入深渊，卖官鬻爵，货贿公行。公元 588 年底，隋文帝杨坚发动 50 万大军南征。第二年年初，隋军从多路渡过长江天堑，一举攻克建康，消灭陈朝，长达近 300 年的南北分裂局面结束，中国重归统一。

南朝自刘宋起，开国皇帝大都为寒门庶族身份。他们以强大的军事力量为后盾、以显赫的军功为支撑实现改朝换代，从而结束了东晋门阀与皇帝共天下的局面。此后经宋武帝刘裕、文帝刘义隆、孝武帝刘骏三代的努力，之后承继各朝逐步加强，终将军政大权和地方控制权悉数收归皇帝，同时通过一系列政治举措限制士族政治特权，削弱士族经济实力，并通过重用出身微贱而有实际才干的寒人掌管机要之职、宗室出镇重要州镇、设立典签监督控制地方宗室及州镇等措施，成功创立"寒族掌机要，士族居虚位，宗室镇要州，典签控州镇"的政治模式。

北方持续而残酷的变乱，迫使中原人口大批南下，为南方带来了先进的生产工具和生产技术，也为南方增加了高素质的劳动力，促进了南方农业、商业、手工业的发展。人口增长加速荒地开发和水利灌溉设施建设，江南地区普遍实行麦稻兼作，岭南种双季稻，农作物产量大幅提高。淮南地区土地肥沃，流民集中；寿春附近有芍陂灌溉农田，地方千里，良畴万顷，是重要的粮食产地；益州号称沃野天府，物产丰富；广州也是富庶的经济地区；闽江、珠江流域得到有效开发。

手工业方面，南朝纺织业快速发展，养蚕技术相当成熟，豫章等地蚕一年五熟，永嘉等地一年八熟。丝、绵、绢、布等为南朝调税的主要项目，其中荆、扬二州的纺织业尤为发达。益州锦业早负盛名，刘裕灭后秦，迁关中织锦户到江南，带动了南方的织锦业，富豪穿绣着锦相当普遍。

南朝时，政府设专官管理矿冶，不少私家有冶铺作坊。广泛应用水排鼓风冶铸法，炼钢发明了生铁熟铁杂炼的灌钢法锻炼优质钢，用来制造剑、刀、镰等重要用具。南朝青瓷瓷胎质纯，硬度高，釉料匀，通体青莹，造型美观。造船业有较大发展，商船战舰往来于东海、南海和内地河道，大者可载重二万斛。造纸方面压光和染色普遍应用，以桑皮、藤皮所造纸张白如霜雪，各种彩纸琳琅满目。

农业和手工业的发展，纵横的道路河流，方便的水陆交通，为商业发展提供了条件，政府设令或丞专门管理市场。南方重要城市建康、江陵、成都、会稽、吴郡、余杭、番禺等地布满大市小市，襄阳、寿春是南北互市的主要地点，番禺、广州则是对外贸易中心，南洋各国，以及天竺、狮子国（斯里兰卡）、波斯（伊朗）等国商船，一岁十余至。

南朝农业、手工业、商业的发展，推动了文学、史学、哲学、宗教以及艺术、科学等方面的发展。南朝文学以骈文为代表，讲究格律、词藻、用典，内容多抒发闲愁别绪，以庾信、应扬为代表。刘宋以后，以谢灵运为代表的山水诗开始盛行；齐谢朓在山水自然景物描写中倾注人生情感；宋鲍照诗具有较丰富的社会内容。南朝乐府民歌清新生动，《孔雀东南飞》为中国文学史上第一部优秀长篇叙事诗。五言诗趋于成熟，开始向七言发展。诗人多精练字句，整齐对偶，呈现出向律诗体裁过渡的趋势。南朝梁萧统编选的《文选》，是中国现存最早的一部诗文总集；徐陵的《玉台新咏》为继《诗经》《楚辞》之后，中国古代的第三部诗歌总集。刘勰的文学批评著作《文心雕龙》，是中国文学理论批评史上第一部有严密体系的文学理论专著；钟嵘的《诗品》为重要的诗论专著。

南朝继承汉代以来设官修史之制，宋设著作官负责撰修国史及帝王起居注；齐始有国史与前朝史之分。编纂于南朝的正史，有范晔的《后汉书》、沈约的《宋书》和萧子显的《南齐书》。一百二十卷的《后汉书》作为纪传体东汉断代史，在文学史上也有一定地位。宋裴松之注《三国志》，以史实的增补考订为重点，不仅开创注史新例，而且对研究三国历史具有重要的参考价值。梁刘孝标注《世说新语》，首创以注荟萃史料。南朝江南大族重视家谱族谱修撰，推动谱学发展。宋裴子野《宋略》、陈何之元《梁典》皆仿干宝《晋纪》之例，论一代治乱兴衰，探求经验教训，对后世很有启发。

南朝玄学清谈仍在士大夫中流行，宋刘义庆《世说新语》为此种风气之下的产物。梁范缜的《神灭论》，把古代无神论思想提高到一个新水平。宋代僧人道生主张一切众生皆有佛性，人人皆可顿悟成佛。陈代印度高僧译出《摄大乘论》及《摄大乘论释》，提出统摄一切心理活动的"阿黎耶识"学说。宋代道士陆修静整理道经，成《三洞经书目录》，为后代所遵用。梁陶弘景融合道家内丹外丹之说，兼顾养神与养形。寇谦之制作《云中音诵新科之诚》等经八十余卷，严格斋戒礼拜，使道教组织更为严密，道规教仪更为完备。

随着山水诗的出现，以表现人物为主的绘画传统开始转变，山水景色成为绘画内容。南齐谢赫在《古画品录》中，提出"气韵生动、骨法用笔、应物象形、随类赋彩、经营位置、传移模写"的"六法论"，成为后世论画和鉴赏批评的标准。僧人智永书法千字文，为南朝名迹。南朝画家张僧繇，以善画佛道著称，亦兼善画人物、肖像、花鸟、走兽、山水等。宋、齐、梁、陈四朝帝王陵墓前的石刻体制巨大，造型优美、雕琢精致，为石雕艺术的代表作。

南朝科学成就不凡，宋齐时人祖冲之，在天文方面有《上"大明历"表》《驳议》；数学方面有《缀术》《九章术义注》《重差术》；祖冲之在世界上首次将圆周率数值精准到小数点后七位数字，比欧洲早 1000 年；第一个将

"岁差"数值用入历法运算中;第一个制作指南车、脚踏轮船、水力运转的水碓和水磨。南朝冶炼、制盐、采煤、造纸、瓷器、漆器等手工业工艺都有明显进步。南朝齐、梁时的陶弘景制造出机械转动的天文仪器浑天象,陶弘景对阴阳五行、天文历算、山川地理、方图物产、医术本草均有了不起的研究成果。

一、宋

（420 年—479 年）

南朝宋为中国南北朝时期南朝的第一个王朝，也是南朝四朝中疆域最大、立国时间最长的一个朝代，由东晋宋王刘裕于公元 420 年六月建立，都建康（今南京），史称刘宋。刘宋强盛时，北部边界到达潼关、黄河一带，西至今四川，西南至今云南，南至今越南横山，东和东南直抵海滨。刘宋前后传 9 帝，历 60 年，公元 479 年为本朝权臣萧道成所建的萧齐取代。

刘裕家境贫苦，曾以耕地为业，兼以樵夫、渔夫、小贩以资糊口。刘裕从军后作战勇敢，屡立战功，成为北府军军官。公元 399 年孙恩反晋，朝廷官军节节败退，唯刘裕所率军队一路克敌制胜，不到两年全面击溃孙恩数十万叛军。时北府诸将纵兵暴掠，涂炭百姓，独刘裕治军严明，很得军心民心。公元 403 年桓玄杀入建康，篡晋建楚。次年众推刘裕为盟主，率北府军击败桓玄，迎回晋安帝，刘裕一举掌握东晋政权。掌权后刘裕平定刘毅、谯纵、司马休之等反叛割据势力，又率军北上灭南燕、灭后秦，夺得淮北、山东、河南、关中等地。刘裕针对东晋朝纲松弛、权贵兼并、百姓流离等旧病，通过整肃纲纪、施行土断、恢复秀才孝廉策试制度、限制打击门阀豪强势力等措施树立威信；同时肃清异己，培植亲信，直到水到渠成取代东晋。

刘裕去世，子刘义隆承续其父治国方略，劝学、兴农、招贤等一系列措施，使百姓得以休养生息，社会生产有所发展，经济文化日趋繁荣，后世史家称其为元嘉之治。公元 453 年二月，因东宫巫蛊之祸，刘义隆欲废太子刘劭，刘劭统东宫精兵趁夜入宫弑杀其父，并于当日自即帝位。次月武陵王、江州刺史刘骏起兵讨伐刘劭。五月，刘骏攻下京城杀刘劭自行登位。

刘骏延续、创新祖、父治国政策，各项举措很有成就。然其统治末期倨傲自大，广兴土木，滥用民力。贬抑削弱宗王势力、残酷诛杀强势宗室，为身后宗室激烈内斗埋下隐患。公元 464 年五月刘骏病逝，太子刘子业即位。刘子业残暴成性、荒诞超群，杀宗室杀大臣几于灭门。公元 465 年十一月，刘子业叔父湘东王刘彧伙同其弟刘休仁等弑杀刘子业后即皇帝位。之前江州长史邓琬与雍州刺史袁顗以废昏立明为由，举刘骏第三子江州刺史刘子勋旗号召讨刘子业。刘彧抢先杀刘子业称帝后，袁顗等人于公元466年二月拥立11岁的刘子勋登基为帝，并获各地宗王方镇支持，刘子勋与各方镇兴兵讨伐刘彧。刘彧同其弟全力平乱，最后将刘子勋及其同辈诛杀殆尽。

刘彧虽有较好开头，但为保幼子皇权，宗室同辈及晚辈数十人死于刘彧刀下，众多良臣惨遭杀害，并逼徐州刺史薛安都举城降魏，致刘宋淮河以北四州及淮西六郡沦陷。公元472年四月刘彧病逝，其子刘昱即位。公元474年五月，江州刺史刘休范据州起兵，率军2万进攻都城建康，右卫将军萧道成拒战有功升任中领军，总率禁军。公元477年刘昱杀权臣阮佃夫，试图剥夺萧道成禁军职权。同年七月，萧道成收买指使刘昱侍从弑杀刘昱，立刘昱弟刘準为帝，萧道成自掌朝政。公元479年四月，扫除障碍后萧道成废刘準自立，刘宋亡。之后数月间，萧道成将刘準及刘宋宗室诛杀灭尽。

刘裕建宋之后，以切身体会和一系列措施强化皇权。鉴于荆州曾屡为东晋祸乱之源，便裁减荆州府辖区，限制其文武将士名额；为防止权臣乱政，规定大臣外出征讨，一律配以朝廷军队，收兵还军朝廷。刘裕出身孤寒，深知稼穑艰辛，下旨降低租税，废除苛繁法令，鼓励百姓发展生产；平时清简寡欲，皇宫生活俭朴，为诚子孙，悬挂曾用农具与补缀衣物于宫中。

刘裕之后，刘义隆、刘骏围绕增加皇帝权力，撤除录尚书事职衔，以中书舍人处理中枢机要事务，重用寒人掌机要；设置二吏部尚书、取消五兵尚书，将人才官员铨选大权收归皇帝，加强吏治整顿；从制度上改革中央禁卫体系，以制局监分领军之权，强化皇帝对军队的直接控制；分割强州大郡，消除地方威胁朝廷隐患；委任寒人担任州镇军府掌管文书的典签，赋予典签直接报告朝廷的权力，以监视州镇长官，削弱州镇势力。经济方面推行土断，罢免侨户，抑制兼并，开禁江海田塘，赦免军户和奴婢，限制士族封山占水，下诏劝课农桑；设立台使，改铸钱币，整顿货币流通，支持商业贸易，以建康为三吴商业中心，以广州为面对东南亚各国的海上贸易重镇，以江陵为关中、豫州、益州商贸转运站。朝廷设专官管理矿冶，用水排鼓风冶铸炼钢，创生铁熟铁杂炼的先进灌钢法；烧制青瓷硬度高，釉料匀，通体青莹；所造纸张洁白匀称，完全取代简牍；造船业兴盛，持续修造三吴运河网，畅通水陆交通。军事方面罢除军户制，恢复秦汉以来的"征兵制"，奖励养马，扩充骑兵，加强军队训练，提高防务能力。

文化方面弘扬儒学，建造孔庙，重新恢复东晋南渡以来废绝的祭孔典礼；在都城开设儒学、文学、史学、玄学四馆，请名士聚徒教授。文学方面刘义庆《世说新语》

文笔俊秀简洁，成为六朝志人小说代表之作；谢灵运、颜延之、鲍照在诗歌内容和形式改革方面作出了积极贡献。裴松之、裴骃、裴子野并称为"史学三裴"，其中裴松之《三国志注》成为史学名著。书画、围棋等获得很大发展，中国最早的山水画理论著述《画山水序》诞生。政府支持弘扬佛教，礼敬有道高僧，建立僧官制度，淘汰无品僧尼，严格整肃沙门。

政府设置太医博士、太医助教等医官，专门负责医学教育，推动医学成为一门独立学科。公元 462 年，由祖冲之制成的《大明历》，首次引入岁差概念，大大提高了历法计算精度；祖冲之将圆周率推演到小数点后 7 位，这一成就领先欧洲 1000 年之久；祖冲之制造的指南车、发明使用机械带动的千里船、水碓磨，极大地提高了航海精度和舂米磨粉效率。

1. 武帝刘裕

公元 420 年六月十二日，刘裕逼东晋恭帝司马德文禅位于己而登皇帝位，建立刘宋。

刘裕生于公元 363 年三月，祖籍彭城（今江苏徐州）。据史书记载，刘裕为汉高祖刘邦弟楚元王刘交后代，曾祖刘混随晋室南迁京口（今江苏镇江），至其父刘翘，家道中落，母亲赵安宗不幸早逝。刘裕少时家贫，一度靠砍柴、种地、打鱼及卖草鞋为生。刘裕长大后，身材魁梧，相貌不凡，很有气度，一心要干一番事业。以此志投军，很快成为北府军将领孙无终的司马。

前秦苻坚淝水之战失败，北方重陷混战之中，东晋朝廷再次耽于偏安。时专政的会稽王司马道子任意妄为，致使朝政更趋腐败。浙江新安太守孙泰以五斗米道教主身份，以传道聚众对抗朝廷，被司马道子诱杀。孙泰侄孙恩于公元 399 年十一月在会稽（今浙江绍兴）起兵反晋，东南八郡纷起响应。东晋派卫将军谢琰、前将军刘牢之镇压。刘裕从此转入刘牢之麾下，担任参军。刘裕屡为先锋，作战勇猛，指挥有方，善于以少胜多，多次克敌制胜，以战功升任建武将军、下邳太守、彭城内史，成为东晋名将。

孙恩起兵牵制东晋兵力，造成京防空虚，早欲叛晋的荆州都督桓玄于公元 402 年起兵，东晋朝廷以尚书令司马元显为骠骑大将军、征讨大都督，以刘牢之为前锋都督，发兵讨伐桓玄。司马元显畏兵不前，刘牢之率北府军投降，桓玄兵不血刃进入都城建康。

夺取东晋朝廷大权的桓玄杀司马元显，夺刘牢之兵权，刘牢之惧祸而逃，后自缢身亡。刘裕审时度势，暂投桓玄以观时变，桓玄任刘裕为中兵参军。公元 403 年，孙恩妹夫卢循再次起事，桓玄派刘裕讨伐，刘裕大胜，因功被加封为彭城内史。

刘裕表面忠于桓氏，暗中加紧联络北府军中下级军官，以待时机。公元 403 年十二月，桓玄废晋安帝自立，国号楚。两月之后，刘裕与何无忌、魏咏之、檀凭之等人以匡复晋室为名，于京口起兵讨伐桓玄，各地纷起响应。经数十天激战，刘裕渐得优势。桓玄守军多为北府军将士，见刘裕风头正劲，便遇击即溃，桓玄弃城西逃。刘裕在都城指挥诸将追剿桓玄，清除荆州一带桓氏势力，于公元 405 年收复江陵，迎晋安帝司马德宗回首都建康。

之后，刘裕接连消灭西蜀及荆州刺史刘毅、谯王司马休之等割据势力，使南方出现百年未有的统一局面；对外消灭南燕、后秦等国，降服仇池，又以却月阵大破北魏铁骑，收复淮北、山东、河南、关中等地，光复洛阳、长安两都，以盖世军功得以总揽东晋军政大权。公元 418 年刘裕接受相国、扬州牧等官职，以十郡建"宋国"，并受九锡殊礼。同年十二月刘裕指使中书侍郎王韶之缢杀晋安帝司马德宗，立司马德宗弟琅玡王司马德文为帝。公元 419 年刘裕进爵为宋王，同年再加十二旒冕、天子旌旗等殊礼，规格等同皇帝。公元 420 年六月，刘裕授意文武百官劝司马德文禅位。司马德文很快宣布退位，刘裕如愿登上皇帝宝座，国号宋，史称刘宋。

东晋向来朝纲松弛紊乱，权贵放肆兼并，百姓流离失所。刘裕掌握朝政，立规章，施土断，禁兼并，铁腕诛灭藐法豪强，恢复考试选拔官员，重用德才兼备寒士；降低农民租税，废除苛繁法令，鼓励百姓发展生产，朝野为之一变。

称帝之后，刘裕继续改革东晋弊政，致力削弱强藩，限制荆州州府将吏数额；下诏不得别置军府，凡大臣外任要职需要军队护送，或出兵讨伐平叛，一律由朝廷配给军队，用兵结束军队交回朝廷，以防权臣拥兵自重；诏令今后即使幼主当政，必须委事宰相，不许太后临朝，以防外戚乱政。

刘裕整顿赋役制度，下令严禁地方官吏滥征租税、徭役，规定租税、徭役以户口为准；州、郡、县官吏利用官府之名所占田园一律交还原主人，官府所需物资以市价购买，不得征调。

刘裕出身行伍，识字不多，但重视教育。曾下诏建学校，兴教学，选儒官，振国学。刘裕广收遗散书籍，保护文化典籍，几次北伐途中，下令将士收集流落中原各地图书，悉数收藏运回建康，对赤轴青纸、文字古拙之书，一律收藏以传后世。及刘裕建宋，官方藏书从东晋国藏仅4000 卷增加到 6 万多卷。

刘裕崇尚节俭，不爱珍宝，不喜豪华。宁州奉献无价之宝琥珀枕，刘裕出征后秦，听说琥珀能够疗伤，命人将琥珀枕砸碎，分予各将领以备急用。一次广州进贡筒细布，刘裕因其过于精巧瑰丽担心制作扰民，故下令弹劾献布太守，并禁止制作此类细布。刘裕将自己昔日所用破陋农具、衣物悬挂宫中，以戒后代子孙。

刘裕不断丰富和创新作战方法，用水军于阵中，利用水军优势克制北敌骑兵；创制弧形列阵，增加抵抗能力，弩槊有机配合，增强杀伤能力；多个兵种协同，以水军为后援，以战车列阵御敌，以步兵杀伤敌人，以骑兵发起追击，屡屡克敌制胜；在作战时机选择和战场选择、将士心理引导等方面，刘裕都有上乘之作。

公元 422 年三月，刘裕计划出征北魏，因患病而作罢。五月刘裕病情加重，遗命司空徐羡之、尚书仆射傅亮、领军将军谢晦及护军将军檀道济四人为顾命大臣，辅佐太子刘义符。公元 422 年五月二十一日，在位 3 年的刘裕病逝，终年 60 岁。

2. 少帝刘义符

刘裕去世，17 岁太子刘义符即位，遵遗诏徐羡之、傅亮、谢晦、檀道济辅政。

刘义符生于公元 406 年，为刘裕长子，母亲张夫人。

刘义符出生前，年逾不惑的刘裕仍身边无子。刘义符的出生，深解刘裕之忧，对其宠爱自不待言。公元 416 年刘义符 10 岁时，被封为豫章公世子；宋公国建立，被封为宋国世子；公元 420 年，刘裕受禅称帝后，刘义符被立为皇太子。

　　刘义符自幼不爱读书，却喜结群小，常聚京城游手好闲之辈骑马游乐，顽劣无度。刘裕军政大事繁忙，无暇也不在意刘义符所作所为。至刘裕病重，管辖更少，刘义符呼朋唤友，恣情玩乐，经常坐龙舟遨游天渊池，笙歌妙舞，枕舟过夜。刘裕去世，刘义符继位。父皇驾崩，黄袍加身，如此震惊世界的换代大事，刘义符似乎感觉与己无关。他不理朝政，仍旧与随从在后园练武习阵，整日和宫人游戏无度。群臣劝谏，置之不理。而北魏抓住机会，于公元 422 年十二月夺取刘宋滑台，公元 423 年正月北魏破金塘，进围虎牢，入寇青州，致使河南郡失守。受顾命之重的徐羡之、谢晦、傅亮、檀道济等人，生怕辜负先帝托付之恩，便与江州刺史王弘等重臣商议，决计废刘义符另立新君。

　　公元 424 年五月二十五日，徐羡之、檀道济等带兵入宫，将酣卧龙舟之中的刘义符带到岸上，收取印玺，以张太后令废其为营阳王，后被杀。刘义符在位 3 年，终年 19 岁。

3. 文帝刘义隆

公元 424 年八月九日，众臣拥刘裕第三子、18 岁刘义隆为帝。

刘义隆公元 407 年生于京口（今江苏省镇江市），为刘裕第三子，母亲为武章太后胡道安。公元 410 年，刘裕命刘粹辅佐年仅 4 岁的刘义隆镇守京口；公元 415 年，东晋朝廷封刘义隆为彭城县公；刘裕北伐，令刘义隆为冠军将军留守京城，朝廷加封刘义隆为监徐、兖、青、冀四州诸军事、徐州刺史；刘裕收复关中还军彭城（今江苏省徐州市），朝廷又加封刘义隆为前将军，命其镇守洛阳（今河南省洛阳市），随即改封为都督荆、益、宁、雍、梁、秦六州等州郡诸军事，西中郎将，荆州刺史；公元 420 年刘裕称帝，封刘义隆为宜都王，食邑三千户，加号镇西将军。

公元 422 年刘裕去世，继位太子刘义符不理朝政游戏无度，被众位辅政大臣以太后令废黜并杀害。刘义符无子，刘义符二弟刘义真不合辅政大臣之意，亦被废为庶人后遭杀害。徐羡之等大臣迎立刘裕第三子、荆州刺史、宜都王刘义隆为帝。

刘义隆即位后，一面进徐羡之为司徒，傅亮加开府仪同三司，以荆州刺史换回谢晦领军将军之职，檀道济继续领北府军出镇广陵；一面用其原荆州僚属王昙首、王华为侍中，到彦之为中领军，王昙首领右卫将军，王华领骁骑将军，朱容子领右军将军，以分徐羡之、傅亮权势。

面对刘义隆一系列强权措施及社会舆论压力，徐羡之、傅亮二人于公元425年主动上表归政。虑及谢晦坐镇荆州重地，刘义隆继续稳住徐、傅二人，并托辞拜谒陵墓，接触并成功争取檀道济支持。公元426年，刘义隆宣布徐羡之、傅亮及谢晦擅杀少帝及刘义真的罪行，并决定亲征谢晦。命雍州刺史刘粹、南兖州刺史檀道济、中领军到彦之先行出兵。徐羡之闻讯自杀，傅亮被捕处死，谢晦率兵反抗，不久军队溃散，谢晦被擒处死，从此军政大权尽归刘义隆。

刘义隆消灭权臣亲掌朝政后，继续实行父皇治国方略，派大使巡行四方，奏报地方官员所作所为，整顿吏治；在义熙土断基础上清理户籍，下令免除百姓所欠政府的"通租宿债"，宣布对年老、丧偶、丧父及患重疾而生活困难者，由郡县给予援助，要求郡县租借种子口粮给急需的农民；下令减免受灾地区百姓赋税，鼓励农桑，奖励勤于耕作养蚕的农户，使百姓得以休养生息，社会生产有所发展，历史上有"元嘉之治"美誉。立玄、史、文、儒四学，选人教授，培养人才；谢灵运、刘义庆、颜延之、鲍照等领衔的"元嘉文学"，在中国文学史上占有一席之地。

刘义隆继位后，即谋划夺回北魏抢去的河南诸多军事重镇，遂于公元 430 年三月，乘北魏与北方柔然交战、黄河以南屯兵减少之机，发动了第一次北伐战争。后于公元 450 年和 452 年又两次与北魏交战。然而三次北伐战争，不仅没有收复失地，反而使人力物力遭受巨大损失，其中第二次北伐期间，北魏军队大肆南犯致使赤地千里，将"元嘉之治"打回原形。刘义隆一无战争经验，二无指挥才能，每次出兵作战之前，总要亲自制定计划，其中包括交战日期和时刻，严重限制了临阵将帅的机动性，成为导致失败的重要原因之一。

刘义隆好猜忌，视兄弟如豺狼，视大臣如仇敌。登基之后，对拥其为帝的大臣徐羡之、傅亮、谢晦一杀了之。后来又杀名将檀道济、裴方明。公元 429 年，刘义隆身体有病，便召四弟彭城王刘义康回京辅政。宰相王弘深知官场艰险，遇事尽推刘义康决断。后来刘义康又加领扬州刺史，进位大将军，专总朝权，势倾天下。公元 440 年，刘义隆命沈庆之捕杀刘义康特别信任的领军将军刘湛等人，随后降旨刘义康为江州刺史，出镇豫章（今江西南昌）。公元 445 年十二月，范晔、孔熙等阴谋拥立刘义康事败露，刘义隆废刘义康为庶人。公元 451 年北魏大军南下，刘义隆担心刘义康趁机作乱，派中书舍人严龙带药赐死刘义康，南朝王室自相残杀序幕自此拉开。在此背景下，为保护太子安全，刘义隆大规模增加东宫军队数量。不久，太子刘劭与始兴王刘浚以巫蛊诅咒刘义隆之事泄露，刘义隆欲废太子刘劭、赐死刘浚，因新太子人选而犹豫拖延，却又将如此绝秘大事告诉刘浚生母潘淑妃，潘淑妃密告刘浚，刘浚转告刘劭。刘劭抢先一步，于公元 453 年二月二十一日率东宫万余精兵趁夜入宫弑杀其父。刘义隆在位 30 年，终年 47 岁。

4. 太子刘劭（shào）

太子刘劭弑父当日，矫父皇诏书即位。

刘劭为刘义隆长子，母亲袁齐妫，公元 424 年生于建康。这一年，刘义隆被迎立为皇帝。长子刘劭与出乎意料的皇位同时到来，让刘义隆对刘劭更加宠爱。公元 429 年，6 岁的刘劭被册立为皇太子，刘义隆为刘劭修建了华美的宫殿，还命东宫属官中庶子率太子左卫率及太子右卫率入直。公元 438 年刘劭迁居东宫，东宫卫队达万人，兵力几与皇帝禁军羽林卫相同。刘劭爱读史书，尤喜武事，自己管理东宫事务，经常在东宫结交宾客。公元 440 年，刘劭奉旨出京，北赴刘宋起家之地京口（今江苏镇江），祭拜兴宁陵（刘裕父刘翘陵）。大将军彭城王刘义康、司空江夏王刘义恭、竟陵王刘诞、尚书桂阳侯刘义融随行，阵势堪比刘义隆。

刘劭母袁皇后不满刘义隆宠爱潘淑妃，并在怨恨之中病故。刘劭因此痛恨潘淑妃及其子始兴王刘浚。刘浚知道后对太子刘劭百般逢迎，最终成为刘劭死党。当时，因罪牵连没入官府的吴兴民间女巫严道育，自称神通广大，能以巫蛊杀人。刘劭、刘浚通过姐姐东阳公主府中婢女王鹦鹉结识严道育，对严道育的道法深信不疑。

膨胀中的刘劭、刘浚私下颇多过失，担心被刘义隆问责，便蓄意刘义隆早逝。于是，指使严道育将一个刘义隆模样的玉像埋在含章殿前，以巫蛊之术诅咒刘义隆。事泄，刘义隆震怒，下令彻查，并要废黜刘劭、赐死刘浚，却又为新太子人选犹豫不决。刘义隆召近臣王僧绰、徐湛之、江湛密议。刘义隆意在建平王刘宏，徐湛之提议女婿随王刘诞，江湛支持妹夫南平王刘铄，这更让刘义隆举棋不定。难以想象的是，刘义隆却将如此机密大事说于潘淑妃，潘淑妃告知儿子刘浚，刘浚报告刘劭。刘劭决定抢先发动政变，弑杀父皇刘义隆。

公元453年二月二十一日凌晨，刘劭率东宫卫队向台城（建康宫城）进发，诈称奉敕带兵入宫，迫使守门军士打开万春门进入台城。刘劭率数十人冲入云龙门，闯进斋阁。刘义隆正在合殿与徐湛之彻夜密议废立太子之事，当值兵士尚在休息。刘劭心腹张超之等破门而入，乱刀砍死刘义隆。刘劭赶到合殿中阁，遣人杀死正在尚书省值宿的江湛，又命人闯入后宫杀死潘淑妃。刘劭控制台城，命刘浚率兵屯驻中堂，以刘义隆名义召太尉江夏王刘义恭、尚书令何尚之入宫，迫使支持政变。刘劭随即即位称帝，改元太初。刘劭封官任将，立皇后选太子，诛杀所憎所疑大臣及刘氏宗亲，昼夜忙碌不安。

此时南中郎将、江州刺史刘骏正统率沈庆之等将领，征剿境内叛乱的蛮族。得知刘劭政变弑父，便悉数召回剿蛮的各路军队，于同年三月在江州起兵，并发布讨逆檄文，历数刘劭弑父篡位之罪，荆州刺史南谯王刘义宣、雍州刺史臧质、会稽太守随王刘诞等举兵响应。

几经博弈，刘劭眼见群臣叛逃、大势已去，便命亲信烧掉辇车、衮服、冕冠等御用之物。同年五月四日，刘劭逃往武库藏在一口井中，被军士搜出缚送刘骏大营，刘骏下令将刘劭斩于牙门。刘劭居皇位 72 天，终年 30 岁。

5. 孝武帝刘骏

南中郎将、江州刺史、武陵王刘骏斩弑父夺权的兄长刘劭，于公元 453 年四月二十七日即皇帝位。

刘骏生于公元 430 年八月，为宋文帝刘义隆第三子，母亲路淑媛。公元 439 年任征虏将军、都督湘州诸军事、湘州刺史；公元 440 年升为使持节、南豫州刺史；公元 444 年迁秦州刺史，晋升为抚军将军，封为武陵王；公元 445 年，雍州境内蛮族叛乱，刘骏为雍州刺史，任伐蛮总指挥，率领沈庆之、朱修之、柳元景等将领，在雍州招募北方流民，接收带兵南归的薛安都，组建实力强大的荆雍兵，三年内讨平雍州境内驿道蛮、诸山蛮、郧山蛮骚乱，纳十万蛮族人口入国家编户。同时在雍州兴修水利，与民休息，雍州连年丰收，百姓盛赞刘骏。

公元 448 年刘骏任安北将军、徐州刺史，镇守彭城。公元 450 年二月，北魏太武帝拓跋焘南侵刘宋，攻占汝阳，直奔悬瓠。刘义隆令刘骏领兵北袭屯驻汝阳的魏军。刘骏领兵进袭汝阳，魏军溃败，刘骏杀敌三千余人，烧其辎重，营救大批被掳宋民。但终因后无援军而败。之后几次北伐，刘骏都表现出色。公元 451 年，刘骏升为南兖州刺史，镇守山阳，迁为南中郎将、江州刺史。时沿江群蛮趁刘宋北伐，纷纷举兵叛乱，自淮水、汝水以至长江、沔水都深受其害。公元 452 年，刘骏总督江州、雍州、豫州、荆州联军征讨沿江群蛮。公元 453 年正月，刘骏自浔阳（今江西九江）统率讨蛮诸军抵达五洲（今湖北浠水西南），率先讨伐带头作乱的西阳五水蛮，连连得胜。二月刘邵政变弑父，统军征蛮的刘骏从江州起兵讨伐刘劭，发布讨逆檄文，痛斥刘劭弑父篡位之行，各方军镇举兵响应。四月，讨逆大军攻至建康城南，刘骏在新亭称帝。五月四日，刘骏攻破建康，擒杀刘劭及帮凶刘浚，赐爵文武百官及将士，对年迈、鳏寡、孤儿、病残、生活困难的百姓，每人赐谷五斛；减免陈租旧债，放归被罚劳役人员。

公元 454 年，担任荆州刺史长达十年的刘义宣倚势自大。刘骏下诏任刘义宣为丞相、扬州刺史。刘义宣拒不接诏，并联合车骑将军、江州刺史臧质、兖州刺史徐遗宝、豫州刺史鲁爽等人，于同年二月在荆州举兵起事。刘骏任命镇军将军、南兖州刺史沈庆之统率诸军总督平叛战事，同时遣抚军将军柳元景屯兵采石，南豫州刺史王玄谟于梁山江岸筑却月城据险扼守。至六月初，刘义宣兵败被杀，叛乱平定。颇有作为的刘骏开始志在中兴的一系列改革，其许多创制既有极强的针对性，又对之后历史政局产生深远影响，刘骏因此而被视为南朝政治格局真正意义上的开创者。

政治方面刘骏撤除"录尚书事"职衔，开始以中书舍人戴法兴、巢尚之、蔡闲等人处理中枢机要事务，同时重用寒门沈庆之与柳元景，以两人功绩先后提拔为三公，重视人才选拔，用人不论门第，首开"寒人掌机要""寒人升三公"的先例，有效强化了皇权。刑律方面规定凡判处死刑案件，郡太守必须亲自审讯，力争做到"死者不怨，生者无恨"；刘骏打破常规，经常便服到溧阳、永世等都城之外郡县参加囚犯审讯，以致地方郡县长官不敢怠慢刑狱，此在中国历代帝王中并不多见；鉴于魏晋以来刺史、太守皆带军职，不少县令也带"将军"称号，由此造成官吏借口执行军法任意杀人。刘骏下诏"非作战期间不得擅自杀人，违者以杀人罪论处"，解决了自古以来诸侯官吏恃权专杀的积弊。政区方面将扬州分为扬州及东扬州二州，设立湘州（治今湖南长沙市）分统原荆州所统长沙等八郡，分荆州、湘州、江州、豫州八郡置郢州（治今湖北武汉市），分荆州郡县充雍州，使荆州从此不再有威胁建康朝政地盘和实力；委任有真才实学的寒门士人担任州镇军府掌管文书的典签，赋予典签直通中央的权力，使其往来于朝廷与州府之间，上报州镇各项要务，传达中央命令，负责监督州镇长官，辅助州镇长官处理事务，大大削弱州镇起兵反抗朝廷的可能性。官制方面鉴于魏晋以来官僚皆为士家大族垄断的弊端，设立御史中丞以加强对官吏监督；削弱东宫官属，加强皇宫禁卫；设置二吏部尚书，取消五兵尚书，将人才官员铨选大权收归皇帝手中。复置五官中郎将、左右中郎将、武卫将军、武骑常侍，进一步加强皇权对军队的直接控制；以"征兵制"和"募兵制"取代汉末以来的"世兵制"，滋养战马，加强军备，实行青冀并镇。公元 458 年四月，北魏大军侵犯青州，刘骏调兵遣将，斩杀北魏众多大将，一月之内连获四捷。十一月北魏派遣征西大将军皮豹子率骑兵三万再次来犯，宋军奋力抵抗，魏军全线溃败，宋军乘胜追击，接连收复杜梁、申城、临邑、縻沟等被北魏侵占的济水北岸城池，获得元嘉北伐失败以来对北魏战争中的最大胜利。

经济方面劝课农桑，下诏旧租旧债一律免除，勤劳耕作百姓量才录用，孝悌仁义之士赐爵一级，孤老贫疾每人赐谷，派使臣巡视了解百姓疾苦，鳏寡、孤老、病残难以自存者赐给粟帛酒肉；改铸钱币，整顿钱币流通混乱局面；始设台传机构，加强中央财政；罢免侨户，推行土断，取消侨户免租特权，合并新旧侨郡，增加国家编户，改善版籍混乱局面；抑制兼并，限制士族封山占水，开禁官家所占江海田塘，颁布"占山格"，限制士族封山占水，让平民百姓合法取得山林产权，在经济层面打击豪强兼并，减轻百姓负担；赦免兵户、奴婢，让正在服无期徒刑及奴婢中的老弱病残者全都恢复自由，缓和社会矛盾，推动南方开发，促进社会经济发展。文化方面下诏建造孔庙，以诸侯之礼祭祀孔子，恢复礼乐。支持佛教，礼敬高僧，建立僧官制度，正本清源，整肃沙门。

刘骏末年一改前期较好政风，开始猜忌宗室，广开杀戒，奴役群臣；大兴土木，扩建宫室，极尽奢华；好酒奢靡，贪财好利，明令进京刺史贡奉进献；倾尽府藏，赏赐爱妾宠臣，超规格厚葬殷妃，极具负面影响。公元 464 年五月二十三日刘骏病世，其在位 12 年，终年 35 岁。

6. 前废帝刘子业

公元 464 年五月二十三日，16 岁太子刘子业即皇帝位。

刘子业生于公元 449 年，为孝武帝刘骏长子，母亲王氏。刘子业 2 岁时，父刘骏被任命为江州刺史，出镇浔阳，祖母与母亲随同外迁，年幼的刘子业被留在建康。两年后，刘子业伯父刘劭杀父自立，刘子业父亲刘骏起兵讨伐刘劭，刘劭将刘子业囚禁在侍中下省，同时关在一起的还有江夏王刘义恭 12 个儿子。这中间，刘子业几次被置于刀下。当刘义恭出逃，刘劭、刘浚将刘义恭 12 个儿子全都杀害。之后，刘子业父亲攻克建康取得帝位，又屠杀刘子业身边的宗族亲人。这"子杀父、弟杀兄"的环境，对刘子业产生过深刻影响。

在父亲刘骏即位称帝当年，刘子业被立为太子。刘子业生性急躁，经常惹刘骏不满，导致刘子业母亲王氏失宠。年轻貌美的殷淑妃乘机上位，尤其是殷淑妃生下儿子刘子鸾以后，刘骏对殷淑妃母子宠爱有加，对屡屡惹祸的刘子业厌恶日增，几次要废刘子业立刘子鸾，幸得群臣苦谏而作罢。此事对逐渐成长的刘子业，造成的伤害难以估量。

年少即位的刘子业，尽改父皇制度，宠信身边侍从，虐杀叔父兄弟，广诛前朝大臣，奸淫凶残暴虐，恶行世间难寻。初即位，便对父亲及其认为可恶之人展开疯狂报复。刘子业下令废除父亲统治时期颁布的所有法令与制度，平日借机会无情讽刺父亲。刘子业请人在太庙为祖宗画像，对武帝刘裕、文帝刘义隆的画像大加赞赏，在父亲画像前，厉声斥责画工道："此人酒糟鼻，为何不画"，当场命画上酒糟鼻方才离去。之后，刘子业杀死刘子鸾及刘子鸾同母弟妹，从坟墓中挖出殷淑妃进行鞭尸，执意要挖父亲寝陵，众臣多次劝谏方才作罢。

刘子业率羽林兵讨杀叔祖太宰、江夏王刘义恭，一并杀刘义恭四子，挖出刘义恭眼球浸于蜜汁，称之为"鬼目粽"；杀大臣柳元景并其八子及六个兄弟和众侄；杀大臣颜师伯并其六子。要杀徐州刺史义阳王刘昶，刘昶逃奔北魏；杀会稽太守孔灵符、宁朔将军何迈，杀三朝元老大臣沈庆之和王玄谟。将父辈湘东王刘彧、建安王刘休仁、山阳王刘休祐调入京师软禁，并百般侮辱虐待。此三人身体壮实，刘子业分别装入竹笼一一过秤；刘子业命人挖一大坑装满泥水，令刘彧脱光衣服猪一样在坑里滚爬；刘彧不慎惹刘子业生气，刘子业即刻令人缚住刘彧，声言要宰猪给大家看。幸亏多有心计的刘休仁劝阻，刘彧才得幸免。

要杀要禁者如愿之后，刘子业放胆恣情享乐。刘子业常率亲信出宫游玩，与姐山阴公主刘楚玉不干不净；为山阴公主选送 30 位貌美风流男子日夜陪伴；在华林园竹林堂，命全部宫女脱光衣服追逐打闹任自己观看；集中各王王妃、公主强令左右侍从奸污，南平王刘铄妃江氏誓死不从，刘子业下令杀死其三个儿子。

荒淫无道、滥杀无辜的刘子业使朝廷百官及身边侍从怨恨不已。受尽折磨的湘东王刘彧知道自己终将逃不脱刘子业魔掌，便与弟建安王刘休仁秘谋，联系亲信阮佃夫、李道儿、王道隆等共谋弑君，并暗中联络刘子业侍卫寿寂之、王敬则、姜产之等人伺机发动政变。

公元 465 年十一月十九日，刘子业听信巫师之言，认为竹林堂内有鬼，便于这天夜里屏退卫士，带巫师与彩女到竹林堂射鬼。此时，阮佃夫、寿寂之等人已经完成准备工作，当刘子业射完鬼刚要宴庆时，寿寂之等人提刀冲入，刘子业见状转身逃跑，被赶上的寿寂之等人当场刺死。刘子业在位不足 2 年，终年 17 岁。

7. 明帝刘彧（yù）

公元465年十二月七日，湘东王刘彧即位称帝。

刘彧生于公元439年，为文帝刘义隆第十一子，孝武帝刘骏异母弟，母亲沈容姬。刘彧10岁受封为淮阳王，公元452年改封湘东王。刘骏即位那年，刘彧生母沈容姬去世，15岁的刘彧由刘骏生母路太后抚养长大。刘彧对路太后如亲娘，尽心服侍，很受路太后疼爱，因此也倍受刘骏倚重。刘骏历任刘彧秘书监、中护军、侍中兼卫尉、领军将军等清官显位，还让刘彧掌握部分京师兵权。

公元464年刘骏去世，太子刘子业继位后，凶暴残杀宗室，被幽禁的刘彧、刘休仁等宗王结交亲信阮佃夫及刘子业侍卫寿寂之等人，先下手弑杀刘子业，以路太皇太后名义发布诏书，历数刘子业罪行，宣布由湘东王刘彧继承皇位。

在刘彧废杀刘子业之前，自认深受刘骏厚恩的江州长史邓琬，联合雍州刺史袁顗，以刘子业昏暴无道、报先帝恩废昏立明为旗，号召四方讨伐刘子业、拥戴刘骏第三子、江州刺史刘子勋为帝。邓琬檄文尚未发出，刘彧已经弑杀刘子业并自立为帝。于是，邓琬协同袁顗，于公元466年正月初七，拥立11岁的刘子勋登基为帝，并获得各地宗王、方镇支持。刘子勋与各方镇纷纷谴责刘彧篡位自立，从四面八方出兵讨伐刘彧。当时，刘彧诸弟多在中央，全力支持兄长刘彧即位；孝武帝刘骏子多在地方，齐心支持刘子勋继承父业。在刘宋宗室中，形成文帝刘义隆子与孝武帝刘骏子两个势不两立的派系。刘彧一系领土、人口不及刘子勋一系的十分之一，但刘彧以伐乱为名，凭借刘骏坚持多年削弱地方强化中央的治理结果，重用吴喜、沈攸之、萧道成等武将，放权刘休仁等诸弟积极平乱，充分发挥中央军兵强马壮的优势，于当年消灭刘子勋政权，平定江南与淮南各地，并将刘骏子孙全部诛杀。

局势平定之后，刘彧赦免叛军，任用贤能，继续刘骏"寒人掌朝政、典签监州镇"等政治措施，革除刘子业时期弊政，颁布多项废除苛捐杂税的政策，一时广获好评。然而，这时的刘彧经常闹病，身体状况日薄西山，而最揪心的是太子刘昱十分年幼，自己一旦不测太子难御群臣，极有可能被人取代。因此，刘彧终日猜忌，对想象中日后可能威胁皇位的人，采取残酷的灭绝措施。公元471年二月，刘彧借外出打猎机会，命寿寂之将晋平王刘休祐杀死在丛林中；之后派人带毒药赐死始安王刘休仁；马陵王刘休若被刘彧骗回京城赐死。至此，刘彧只剩桂阳王刘休范这么一个弟弟，刘彧认为刘休范平庸无能威胁不到幼主而免其一死。接着，将曾经杀掉刘子业帮助自己称帝的寿寂之杀掉；吴喜将军战功赫赫，体恤民情，被刘彧赐死；有次梦见有人告发豫章太守刘愔谋反，醒后派人前去杀死豫章太守；又举刀诛杀皇后兄弟王景文。滥杀诸弟和忠臣，加之以前清除刘骏子孙，致使宗室和中央元气大伤。而曾支持刘子勋政权的徐州刺史薛安都，因担心刘彧对自己下手，早于公元 466 年举城降魏，并配合魏军屡击宋军。到公元 469 年，刘宋淮河以北的青、冀、徐、兖四州及豫州的淮西六郡全面陷于北魏，北部防线退至淮河。面对日缩江山及病弱身体，刘彧渐失意志，纵情声乐，过度奢靡。由于多年与北魏战争，国库空虚，刘彧不顾百姓死活，大兴土木建造湘宫寺，满足自己奢侈生活；刘彧迷信鬼神，宫中忌讳多达数千种，有人稍不留神触犯禁忌，便会死于刀下。公元 472 年四月，病危中的刘彧下诏弟刘休范为司空，尚书右仆射褚渊为护军将军，中将军刘缅加右仆射；同时诏命褚渊、袁粲、蔡兴宗、沈攸之为顾命大臣，辅佐幼主；后又任萧道成为右卫将军，领卫尉，与袁粲等共掌机事。公元 472 年四月十七日刘彧病逝，其在位 8 年，终年 34 岁。

8. 后废帝刘昱

刘彧去世，10 岁太子刘昱于公元 472 年四月十八日即位。

刘昱生于公元463年正月，为宋明帝刘彧长子，母亲陈太妃。公元465年十一月，刘彧杀侄自立，次年十月册立刘昱为皇太子。公元470年，刘昱正式出居东宫。刘昱五岁时读书，虽然有过目不忘的天赋，却不爱学习，只爱玩乐。公元472年四月刘昱继位后，尚书令袁粲、护军将军褚渊、尚书右仆射刘勔、征西将军荆州刺史蔡兴宗及安西将军郢州刺史沈攸之五位顾命大臣共同辅政，但朝政实权掌握在刘彧生前幸臣阮佃夫、王道隆和杨运长手中。

公元474年五月，江州刺史、桂阳王刘休范以"清君侧"为名举兵进犯京师建康，声势震动朝野。顾命大臣、中领军刘勔及权臣王道隆先后战死，叛军攻入建康台城，一度打到皇宫城南掖门外，驻守禁军相继溃散，抚军长史褚澄开东府城出降，台城大乱。右卫将军萧道成奋勇指挥，终于平定叛军。萧道成晋爵为公，升任中领军，总率禁军，权势日隆。

同年十一月，加元服后的刘昱更加狂悖，多次任性出游，生母陈太妃紧紧跟随，也难以约束其胡作非为。之后刘昱只带身边随从四处乱逛，经常夜不归宿，朝野倍感失望。公元476年七月，建平王、南徐州刺史刘景素于京口举兵，萧道成亲自督战，刘景素败亡，刘宋直系年长宗室从此清零。

刘景素亡后，刘昱更加骄横，成为有史以来年纪最小的暴君。刘昱天天外出，或夜出晨归，或晨出夜归，随从手持针椎、凿子、锯子、刀剑等千奇百怪的凶器，随意闯民宅、杀行人、屠牲畜，百姓不堪其扰，只得日夜闭户，大街几无行人。公元 477 年初，阮佃夫见刘昱如此德行，便暗中联合直阁将军申伯宗、步兵校尉朱幼及于天宝，准备趁刘昱出游时将其废掉，改立安成王刘準。不料于天宝报告刘昱，刘昱将阮佃夫等人诛杀，又将与阮佃夫交好的散骑常侍杜幼文、司徒左长史沈勃、游击将军孙超之、长水校尉杜叔文等一一杀害。从此之后，刘昱一日不杀人就闷闷不乐，坐卧不宁。

当时，先后平定刘休范及刘景素的萧道成引起刘昱猜忌。一日，刘昱带数十人闯入萧道成居所，萧道成因暑热赤膊卧睡，刘昱见萧道成肚脐突出，拉弓要以萧道成肚脐为箭靶，惊醒的萧道成滚在地上，饶命连声。而刘昱要杀死萧道成的想法坚定不移，还以木制萧道成身形作为箭靶，时时射击。如此境况，萧道成忍无可忍，便联络直阁将军王敬则。王敬则重金收买杨玉夫、杨万年等刘昱贴身卫士。这些卫士被刘昱每天都要杀人的嗜好吓得提心吊胆，巴不得刘昱早死。

公元 477 年七月七日乞巧节，刘昱一早乘坐露天无篷车带左右侍从前往台冈比赛跳高，跳高结束前往青园尼姑庵。晚上到新安寺偷狗，在寺中杀狗炖肉逼昙度道人一起喝酒吃狗肉，酒醉回仁寿殿。刘昱在睡觉前，命杨玉夫在庭院等织女渡河，看见织女立刻报告，看不见就杀杨玉夫。杨玉夫感到大祸临头，便和杨万年潜入殿内斩杀刘昱，并将刘昱头颅交给王敬则，王敬则急送萧道成。萧道成以皇太后名义下诏，废刘昱为苍梧郡王。刘昱在位 6年，终年 15 岁。

9. 顺帝刘準

公元 477 年七月十一日，萧道成假太后诏，立安成王刘準为帝。

刘準出生于公元 469 年七月，为明帝刘彧第三子，母亲陈法容。公元 471 年刘準被封为安成王、抚军将军；刘昱即位后，刘準任扬州刺史；公元 474 年晋升为车骑将军；公元 476 年晋升为骠骑大将军、开府仪同三司。公元 477 年七月七日刘昱被弑，萧道成掌握朝政大权，以太后名义迎 9 岁刘準入京即皇帝位。

时萧道成放手笼络朝中大臣，明目张胆为代宋自立做准备。萧道成篡位之心招来正直大臣不满，荆州刺史沈攸之起兵，袁粲在石头城起兵响应，尚书令刘秉、黄门侍郎刘述等率众赶赴石头城，与袁粲联合行动。诸位大臣虽有捍卫宋室忠心，但缺乏统率军队能力，很快败于萧道成手下，惨遭萧道成杀害。萧道成借此彻底清除朝中反对势力，从而得以一手遮天。公元478年九月，刘凖下诏萧道成为太傅，领扬州牧，准其佩剑上殿；次年三月，又封萧道成为齐公，位列诸王之上；公元479年四月，晋封萧道成为齐王，增封十郡。同年四月二十一日，威逼之下刘凖禅位于萧道成，萧道成降刘凖为汝阴王，迁居丹阳宫，派士兵监管，南朝刘宋王朝灭亡。公元481年，刘凖被看守士兵杀害。刘凖在位3年，终年13岁。

二、齐

（479 年—502 年）

公元 479 年四月，迫使宋顺帝刘準禅位的刘宋齐王萧道成自立为帝，国号齐，史称南齐，都建康（今江苏省南京市）。

萧道成在宋明帝刘彧执政时，担任右军将军。刘彧去世，刘昱继位，萧道成与尚书令袁粲共掌朝政。公元 474 年，萧道成平定江州刺史桂阳王刘休范反叛，进爵为公，迁中领军将军，掌握禁卫军，督五州军事，逐渐掌握大权。公元 477 年，萧道成杀后废帝刘昱，立刘昱弟刘準继位，萧道成被封为齐王。之后，萧道成铲除忠于刘宋王朝的袁粲、沈攸之等大臣后，紧锣密鼓筹划夺取皇位。朝廷中，萧道成任命亲信担任重要职位；地方上，萧道成安排自己子孙或助手接掌兵权。公元 479 年三月，萧道成被封为相国、齐公，加九锡；四月，萧道成进爵为齐王，加剑履上殿、入朝不趋、赞拜不名等一系列殊礼，直到以禅让之名代刘建齐。宋顺帝刘準被萧道成封为汝阴王，不久之后遭杀害，刘裕其他子孙很快被萧道成斩草除根。

萧道成接受刘宋灭亡教训，崇尚节俭，反对奢靡，并以身作则，将宫殿、御用仪仗等凡用金、铜制作的器具全部改用铁器替代，取消衣服上的玉佩等贵重挂饰。萧道成任用寒人掌权要，推行检籍法，严令整顿户籍；修建儒学，精选儒官，招揽人才；削除部曲私兵，限制将吏随身护卫人数；禁止宗室封山占水，与民争利；减免一些赋役，安抚流民，减轻人民负担；坚持与北方通好，维护边境安定。萧道成去世，传位于太子萧赜。萧赜为政宽纾，关心百姓，减免租税，赈济孤寡，宽赦囚犯，奖励农桑，开办学校，提倡节俭，通好北魏，安定边境，人民得以休养生息，南方经济有所发展。

萧赜太子萧长懋早逝，公元 493 年萧赜去世，传位于皇太孙萧昭业。极具表演天赋瞬间涕泪滂沱的两面派萧昭业登基后，随意厚赏左右群小，大肆挥霍府库钱财，成天奇装异服，斗鸡走马，淫乱无形，狂纵不羁。公元 494 年，萧道成侄、萧赜堂弟、西昌侯萧鸾引兵入宫杀萧昭业，以太后名义废萧昭业为鬱林王，立萧昭业弟新安王萧昭文为帝。不到四个月，萧鸾废萧昭文为海陵王、暗中派人将其杀害后，自立为帝。萧鸾生性多疑，即位后压制宗室力量，恣意将萧道成与萧赜子孙屠杀殆尽。萧鸾深居简出，要求节俭，但多为表面文章。萧鸾宫中金玉满堂，异常华丽。公元498年萧鸾病逝，萧鸾第二子萧宝卷继位。萧宝卷为中国历史上著名的荒唐皇帝之一，宰辅大臣，稍不如意，立即诛杀。即位不久便杀害顾命大臣右仆射江祐、司空徐孝嗣、右将军萧坦之、领军将军刘暄等人。由于萧宝卷的昏暴，导致始安王萧遥光、太尉王敬则与将军崔景慧先后起兵叛乱。幸有雍州刺史萧懿等忠臣全力平叛，才将叛军打败。平定多次叛乱之后，萧宝卷认为自己承天受命，王气炽盛，更加昏暴无忌。萧宝卷经常出宫闲逛，出则毁民居、逐居民，任性胡作非为；宫中设立市场，杀猪宰羊，沽酒卖肉；建造仙华、神仙、玉寿等豪华宫殿，无度赏赐佞臣，致使国家财政困难；毒杀平定叛乱功臣雍州刺史萧懿，派人暗杀萧懿弟萧衍，致萧衍发兵进攻建康。动乱中，萧宝卷被征虏将军王珍国、兖州刺史张稷等弑杀。萧衍另立南康王萧宝融为帝，以宣德太后懿旨夺萧宝卷帝号，追封为东昏侯。次年四月，萧衍迫萧宝融退位，南齐灭亡。南齐共传7帝，历24年，都建康，公元502年为南梁取代。南齐疆域北至大巴山脉和淮南，西至四川，西南至云南，南至今越南横山，东南直抵海滨。

　　南齐在经济方面，最主要的措施为校检户籍。南朝庶族地主为免除赋役，通过行贿官吏或伪造父祖爵位，或注军功，或假托僧人等，以改政府纳税户籍即黄籍为免除百役的士族。刘宋以来，篡改黄籍愈演愈烈。为提高赋税收入，扩大徭役负担面，萧道成即位次年，即设校籍官、置令史清查黄籍。萧赜即位后，清查继续。核查出应服役纳赋而户籍造假逃避者，复原来户籍，后来甚至罚纳贿改籍者到边地充戍役。此项为整顿户籍、减少本不该享受免役免税特权户口、增加政府收入、减轻贫苦民众负担都有重大意义的措施，后经庶族阶层坚决反对不了了之。

文学艺术方面南齐前期社会相对稳定，经济比较繁荣，为作家潜心创作提供了良好的物质条件。加之南朝自刘宋以来，文学与经史逐渐分开，文学的独立性大大加强。到南齐永明年间，文士经常被统治集团高层聚拢门下，在担任一定官职的同时，经常进行文学创作，切磋技艺，探索文学发展规律，为文学发展提供了有利条件。南齐永明年间就有卫军将军王俭集团、竟陵王萧子良集团、豫章王萧疑集团、随王萧子隆集团等四个比较大的文学集团。其中有理论、有大量诗歌创作、善识声韵的"永明体"诗人绝大多数出自萧子良集团。沈约、谢朓、王融为"永明体"代表作家，沈约诗成就不及谢朓，但见长在于阐述"永明体"主张；谢朓诗风上承曹植，善于以警句发端，写景抒情方面兼取谢灵运、鲍照两家之长，又避免艰涩之弊；王融诗注重声律，讲求音韵。"永明体"

的出现，标志着古体诗接近尾声，近体诗崭露头角。绘画方面宫廷肖像画家谢赫成就最大，尤其是他的绘画理论，对后世有着深远影响。

1. 高帝萧道成

公元 479 年四月二十三日，被宋顺帝封为齐王的萧道成，在顺帝禅位后登极称帝，国号齐。

公元 427 年，萧道成出生于晋陵郡武进县（今江苏常州武进），父亲萧承之，母亲陈道正。史载萧道成为西汉丞相萧何二十四世孙。东晋初年，高祖淮阴令萧整渡过长江落户晋陵；祖父萧乐子为辅国参军；父亲萧承之为刘宋著名武将。萧道成仪表英俊，为人聪慧。13 岁时，名士雷次宗在建康（今江苏南京）鸡笼山设立学馆，萧道成前往学习《礼经》《左氏春秋》等儒家经典。

公元 440 年，父萧承之领兵驻防豫章（今江西南昌），14 岁的萧道成放弃学业随父南下。公元 442 年，竟陵（今湖北天门）蛮人起事，宋文帝刘义隆派萧道成率领偏军讨伐。萧道成奋战两年，终于获胜。公元 446 年，萧道成随同雍州刺史萧思话镇守襄阳，卫戍沔北，征讨樊、邓等山中蛮部，任左军中兵参军。公元 452 年萧道成率领偏军征讨仇池，攻克兰皋戍、武兴戍。公元 454 年萧道成为江夏王大司马参军，随府转任太宰，升迁为员外郎、直阁中书舍人、西阳王抚军参军、建康令。新安王刘子鸾选拔僚佐，任萧道成为北中郎中兵参军。公元466年，宋明帝刘彧即位，萧道成升为右军将军。当时四方反叛，会稽太守、寻阳王刘子房及东边数郡起兵造反。危机面前萧道成被加辅国将军，奉命东讨。平定叛乱，萧道成升为骁骑将军，封西阳县侯，食邑六百户，后改任巴陵王卫军司马，并随之镇守会稽。时江州刺史、晋安王刘子勋叛乱，情势危急，萧道成带兵堵截敌军获胜，迁为桂阳王征北司马、南东海太守。公元467年八月，刘彧派沈攸之北伐，萧道成任冠军将军、持节、都督北讨前锋诸军事，镇守淮阴，为沈攸之镇守后方。次年七月，沈攸之、吴喜等兵败睢口，萧道成代沈攸之为南兖州刺史，镇守广陵。

刘彧统治末年健康状态每况愈下，因担忧身后权臣及其兄弟威胁幼主刘昱，于是先后屠杀兄弟刘祎、刘休祐、刘休仁、刘休若及权臣寿寂之等皇亲重臣，南兖州刺史萧道成也在刘彧诛杀之列。公元470年，刘彧调萧道成回京任黄门侍郎，越骑校尉。萧道成深知此项调令真实目的，便派出兵士骚扰北魏边境，刺激北魏派出大批士兵巡行。萧道成以"边境吃紧"上报朝廷，刘彧急复萧道成原职，让其镇守边城。不久朝廷又召萧道成回京，萧道成不带一兵一卒，只身进京复命。刘彧见此打消疑虑，恢复对萧道成的信任。刘彧去世时，遗诏萧道成为右卫将军，领卫尉，与尚书令袁粲、护军褚渊、领军刘勔共掌机事。

刘昱即位后，其叔父桂阳王刘休范起兵谋反。叛兵逼临京城，朝臣一筹莫展，面对严峻形势，萧道成一马当先，请命出战，终于平定刘休范叛军。经此一战，功勋卓著的萧道成晋爵为公，迁中领军将军，掌握禁卫军，督五州军事，与袁粲、褚渊、刘秉并称"四贵"。公元476年，萧道成升任尚书左仆射。同年七月，久蓄逆志的刘义隆长孙、建平王刘景素起兵欲夺帝位，萧道成果断征讨，刘景素兵败被斩。

刘昱聪明好动，但为人凶狠残暴，诛杀大臣肆无忌惮，为南北朝时期著名暴君之一，许多重臣死于刘昱刀下，甚至一日不杀人，刘昱就会闷闷不乐。时萧道成屡平叛乱，声震朝野，亦成刘昱重点猜忌目标。一日，萧道成在家午休，因天热而暴露形骸。乱逛中的刘昱闯进萧府，见萧道成肚脐特别，拉弓要为箭靶。惊吓中的萧道成连声谢罪，刘昱左右全力劝说，萧道成方才躲过此劫。

萧道成深知小皇帝难容自己，便联络直阁将军王敬则。深忧己命的王敬则重金收买杨玉夫、杨万年等多名刘昱贴身卫士。公元477年七月七日乞巧节这天，刘昱在京城烹狗喝酒疯玩一天，当夜回宫就寝前，命杨玉夫站立庭院，看见织女渡河立刻禀报，看不见则斩其头颅。杨玉夫知道大祸临头，便与杨万年将熟睡中的刘昱弑杀。杨玉夫等割下刘昱头颅交给王敬则，王敬则飞奔呈萧道成，萧道成驰马直冲皇宫，以皇太后名义下诏将刘昱废为苍梧郡王，迎安成王刘準为帝。萧道成进位侍中、司空、录尚书事，任骠骑大将军，总掌军国大权。

萧道成总揽朝政后，荆州刺史沈攸之以自己名望高于萧道成而不服。为争夺权力，沈攸之于公元 477 年十二月起兵讨伐萧道成。此时，袁粲、刘秉等重臣联合领军将军刘韫、卜兴伯密谋除掉萧道成。萧道成得知消息后，密派王敬则先发制人杀刘韫与卜兴伯，然后派军在石头城激战袁粲，后斩袁粲、刘秉。后经月余激战打败沈攸之。沈攸之走投无路，遂与子沈文自缢。

公元 479 年三月，宋顺帝刘準任太傅萧道成为相国，总领百官，封其十郡封地、齐公，颁赐九锡。同年四月，刘準禅让帝位于萧道成，萧道成于建康南郊登基称帝，国号齐。

萧道成即位后清明政治，革除刘宋诸多暴政，鼓励群臣议政，重视加强防务，下诏兴儒学，选儒官，揽人才；削除部曲私兵，限制将吏随身护卫人数，下令整顿户籍；禁止宗室封山占水，与民争利；减免部分赋役，安抚流民，社会比较安定，百姓生活有所好转。萧道成提倡节俭，反对奢靡，以身作则，将宫殿、御用仪仗中金、铜制品代以铁器，取消服装玉佩等名贵挂饰，禁止民间使用各种华丽饰物，不准用金、铜铸像。为加强都城防务，萧道成于公元 480 年用砖砌筑建康城墙；在改建都城时以中轴线为基准，主要建筑物左右对称，成为后世都城建设范本。萧道成博学，有文才，擅长草书隶书，文学上亦有一定造诣，文学主张推崇西晋陆机、潘岳。因萧道成的爱好和提倡，齐初文风始盛。公元 482 年二月萧道成患病，三月八日病逝。萧道成在位 4 年，终年 56 岁。

2. 武帝萧赜（zé）

高帝萧道成去世当日，43 岁太子萧赜即皇帝位。萧赜为齐高帝萧道成长子，母亲刘智容，公元 440 年出生于建康（今江苏南京）。

萧赜最初担任刘子房寻阳国侍郎、江州西曹书佐、赣县县令。公元 466 年江州刺史、晋安王刘子勋谋反，萧赜拒不顺从刘子勋，被南康相沈肃之关进南康郡狱中。后来，族人萧欣祖、门客桓康等攻破郡城救出萧赜。沈肃之率将吏数百人追击，萧赜及身边义士拼死作战，生擒沈肃之。后萧赜退避揭阳山中，招兵买马三千余人。刘子勋派部将戴凯之任南康相，萧赜带领部众于南康口击退戴凯之别军首领程超数百人，进击张宗之将其斩首，兵围南康郡城。戴凯之以数千人固守，萧赜攻陷南康，占据郡城，派遣军主张应期、邓惠真率三千人袭击豫章，积极配合朝廷平叛。叛乱平定，刘宋朝廷调萧赜进京担任尚书库部郎、征北中兵参军，封西阳县子，兼任南东莞太守、越骑校尉、正员郎、刘韫抚军长史、襄阳太守。公元476年，朝廷任命萧赜为晋熙王刘燮镇西长史、江夏内史、行郢州事。同年十二月，沈攸之起兵反叛，时朝廷尚未下达诏命，萧赜先行领兵占据盆口城，积极做好战守准备。公元478年沈攸之叛乱平定，朝廷任萧赜为散骑常侍，都督新蔡、晋熙二郡军事，征虏将军，江州刺史，封闻喜县侯，食邑二千户。同年调任侍中、领军将军，不久加任持节、督京畿诸军事。公元479年萧赜转任散骑常侍、尚书仆射、中军大将军、开府仪同三司，进封闻喜公。同年三月，宋顺帝刘準封萧道成为齐公，加九锡，立萧赜为齐公世子，后进爵齐王太子。公元479年四月，萧道成代宋建齐，立萧赜为皇太子。公元482年三月萧道成去世，萧赜即位，为齐武帝。

南朝刘宋以来，许多庶族地主以行贿官吏、在户籍黄籍上伪造父祖爵位或军功谋求成为世族，由此免除应承担的赋役。萧赜继续其父政策，设立校籍官，设置令史，限定令史每人每天查出几件奸伪案件。凡查出者撤销户籍，发配远方戍守边疆。这样连续几年，庶族地主及牵连百姓愁苦不安，怨声载道，富阳唐寓之以此为借口发动叛乱。暴乱很快平定，但庶族地主反检籍斗争愈演愈烈。公元490年，萧赜被迫停止检籍，并宣布之前检籍无效，更多庶族地主及商人趁此取得士族所具有的免赋免役特权。

萧赜即位后，处事果断，时有恩赦。公元483年三月，萧赜下诏赦恩五十日，对四方犯人，罪无轻重，均予大赦。次年八月诏令都下两县，对露野尸体进行安葬。大将陈天福所率部队军纪不严，掠劫百姓，萧赜将陈天福斩于街市。萧赜关心百姓疾苦，下诏赈恤灾民，赈济鳏寡贫穷百姓，减免租税，提倡农业，下令办校，挑选师资。缓和南北局势，遣使通好北魏，使得边境较为安定，国内社会比较安定，经济文化有所发展。

总体而言，萧赜统治的"永明"时期，被认为是南北朝自刘宋"元嘉"之后的第二个比较稳定时期。然萧赜用人不辨忠奸，致使宠信之人几乎全为奸恶小人，如吏部尚书王晏、中书通事舍人茹法亮、吕文显，外监吕文度等，个个都是察言观色、营私舞弊高手，导致贪官污吏横行。而在选择继承人方面，更是埋下祸根。萧赜即位之后，立长子萧长懋为太子。公元493年正月太子萧长懋去世，诸多大臣希望萧赜立次子萧子良为继承人。萧子良历任会稽太守、丹阳尹、扬州刺史、司徒等职，富有统治经验，善于延揽人才，麾下沈约、王融、萧衍、范云等，皆当时才学之士。以萧子良继承皇位，历史定当改写。然萧赜受"立嫡以长"古训束缚及皇长孙萧昭业蒙骗，坚持立萧昭业为皇太孙。

　　故太子萧长懋长子萧昭业，眉目如画，容止美雅，一手隶书博人眼球，深得萧赜喜爱。而更为叫绝的是，萧赜这位长门长孙有着绝佳演技：探视父病，萧昭业哀哭裂心，回宫即花天酒地，快活无比；萧赜前往东宫巡视，萧昭业迎拜号恸几至气绝，感动得萧赜下舆抱持安慰，不几日萧赜患病，萧昭业派巫婆杨氏诅咒祖父速死，还亲手画出数十喜字庆贺。如此之人继承大统，结果可想而知。公元493年七月萧赜患病，七月三十日病危，下诏皇太孙萧昭业继承皇位，当天萧赜去世。萧赜在位12年，终年54岁。

3. 鬱林王萧昭业

　　武帝萧赜去世，20岁皇太孙萧昭业即皇帝位。萧昭业生于公元473年，为萧长懋长子，母亲王宝明。萧长懋为齐武帝萧赜长子。公元482年萧赜继位，立萧长懋为太子，时年10岁的萧昭业受封南郡王，食邑两千户。太子萧长懋去世，萧赜立萧昭业为皇太孙，移居东宫。萧赜去世，萧昭业继承帝位。

萧昭业容貌俊美，伶俐过人，自幼善于察言观色，临场应对能力非凡。萧昭业自小由二叔竟陵王萧子良抚养，很受娇惯。萧子良镇守西州，少年萧昭业随行。萧子良公务繁忙，萧昭业与数十纨绔子弟嬉乐无度。后萧子良入京，萧昭业仍留西州。无人约束的萧昭业每日到各营署游宴，暗地向当地富户索钱，酬资犒赏左右无赖。萧昭业的诸多荒唐行迹萧赜父子无从知晓，却生生愁坏皇帝选派的两位侍读老师，70 多岁的老人深恐萧昭业惹事祸及自身而双双自杀。

在西州世面历练得八面玲珑的萧昭业，入京后更加赢得祖父萧赜偏爱。萧昭业的隶书习作，萧赜明令不得外传，要求一一珍藏；萧赜时常召萧昭业单独入帐，特加指点鼓励；公元 489 年，萧赜配给萧昭业班剑仪仗队二十人，鼓吹乐队一部，为萧昭业选择杰出人才作为友伴，礼遇超过诸王。萧长懋去世，萧昭业每次临哭号啕几至气绝，转眼回到内廷自是快乐难抑；萧赜丧期萧昭业灵前悲哭痛不欲生，回到后宫即令胡妓排队夹道奏乐，喜色满面春风得意。

萧昭业继位后，极意赏赐群小近臣，动辄出手几十万、数百万。不到一年，萧赜府库数亿积蓄被其挥霍殆尽。萧昭业常令打开主衣库，携皇后宠姬、宦官奴仆，比赛砸宝器取乐；常赤身裸体，穿嫔妃内衣宫内游走；大把花钱购买斗鸡，在宫中纵鸡斗架；毁坏萧赜招婉殿，令宦官徐龙驹作斋供；后阁舍人徐龙驹日夜出入六宫内房，萧昭业经常私见其父爱姬霍氏，皇后何婧英宫门通夜大开，后宫之乱难以言述。

作为皇帝，萧昭业初即位时为拉拢势力假称遗诏，封武陵王萧晔为卫将军，西昌侯萧鸾为尚书令，太孙詹事沈文季为护军，暗使中丞孔稚捏造中书郎王融罪行，将王融处死，并怀疑竟陵王萧子良有不臣之心，迫使萧子良不参与国事。同被武帝萧赜遗命辅佐萧昭业的萧鸾，借此机会以尚书令身份处理国家大事，培植自己势力，逐渐独揽政权。顽劣的萧昭业感到大权旁落，于是谋划联合其他重臣除掉萧鸾。如此行止的皇帝身边难有得力大臣，势单力薄的萧昭业只能暂时作罢。

不久，萧昭业身边最宠信的宦官徐龙驹专权干政被萧鸾诛杀，萧昭业宠信的直阁将军周奉叔也被萧鸾先斩后奏。如此一来，萧昭业与萧鸾之间的矛盾浮出水面。公元494年萧子良病故，为除心腹之患，萧昭业召来皇后何婧英堂叔、中书令何胤商讨诛杀萧鸾事宜，终因何胤惧怕而终止。其实，萧昭业上述所谓密谋，连出笼过程都难逃萧鸾耳目。萧鸾曾以谋反罪将萧昭业宠信之人綦毋珍之、杜文谦等全都杀掉；宗室近卫军首领萧谌、萧坦之见皇帝日益狂纵，恐日后事发受祸，早已暗中依附萧鸾。公元494

年七月二十日，萧鸾发动政变，派萧谌、萧坦之带兵冲入宫中，杀萧昭业亲信直阁将军曹道刚和朱隆之。接着，萧鸾率兵入宫，直扑皇帝所在的寿昌殿。萧谌带兵攻入内宫，将萧昭业杀死，萧鸾以太后诏追贬其为鬱林王。萧昭业在位 2 年，终年 22 岁。

4. 恭王萧昭文

萧昭业被杀，萧鸾立萧昭业 15 岁弟萧昭文即皇帝位。萧昭文出生于公元 480 年，为齐武帝萧赜之孙、文惠太子萧长懋次子，母亲许氏。萧昭文 7 岁时，被祖父齐武帝萧赜封为临汝公，食邑一千五百户，任辅国将军、济阳太守；公元 492 年转任为持节、督南豫州诸军事、南豫州刺史，任辅国将军；公元 493 年进号为冠军将军。同年正月父亲文惠太子萧长懋去世，萧昭文回到都城建康。其兄萧昭业即位，任萧昭文为中军将军，享有领兵及设置佐史特权，并进爵为新安王，食邑两千户。同年闰四月，萧昭业任命萧昭文为使持节、都督扬南徐二州诸军事、扬州刺史。

公元 494 年七月辅政大臣、尚书令、西昌侯萧鸾发动政变，弑杀萧昭业。次日萧鸾以皇太后王宝明名义下诏，立萧昭文为皇帝。即皇帝位的萧昭文任命萧鸾为骠骑大将军、录尚书事、扬州刺史、宣城郡公；十月进升萧鸾为太傅，领大将军、扬州牧，进爵宣城王。而萧昭文自己，起居饮食诸等事项，甚至想食一条鱼都要经过萧鸾许可。

公元 494 年十月初十，萧鸾再次假皇太后下诏，以萧昭文年幼多病、不明政事、难当重任为由，废黜其皇帝之位，由萧鸾入宫继位，并降封萧昭文为海陵王。次月萧鸾诈称萧昭文患病，派御医杀害萧昭文。萧昭文在位 80 天，终年 15 岁。

5．明帝萧鸾

公元 494 年十月二十二日，萧鸾登极。萧鸾生于公元 452 年，为齐高帝萧道成兄萧道生子，母不详。萧鸾自幼父母双亡，由三叔萧道成抚养成人。萧道成视萧鸾若己出，公元 479 年，萧道成代宋建齐，升萧鸾为侍中，封为西昌侯。次年，萧道成封萧鸾为持节、督郢州司州之义阳诸军事、郢州刺史，进号征虏将军。

萧鸾不喜张扬，生活节俭。当时王公大臣上朝出游乘坐豪华车辆，萧鸾所乘车辆简陋，衣着朴素。这给公元 482 年继承父位的堂兄齐武帝萧赜留下印象，当年任萧鸾为度支尚书，右军将军；公元 483 年，萧赜迁萧鸾为侍中、骁骑将军，旋即转为散骑常侍、左卫将军；公元 484

年，萧赜派遣萧鸾镇外藩，任命为征虏将军、吴兴太守；公元486年，升迁萧鸾为中领军；公元487年任使持节、右将军、豫州刺史；公元489年为尚书右仆射；公元490年加领卫尉；公元492年转为尚书左仆射；公元493年领右卫将军，近乎年年为其升官。萧赜晚年大肆诛杀意象中可能威胁幼主统治的王公大臣，唯独对萧鸾不起疑心，临终遗诏萧鸾与竟陵王萧子良一起辅佐幼主。

萧赜刚一病逝，中书郎王融把守宫门，要强行拥立竟陵王萧子良为帝。萧鸾硬闯入宫，坚决拥立萧昭业。此举使萧鸾在新皇帝心目中的地位无人可比。萧昭业将朝政付予萧鸾，自己玩乐淫嬉。被皇帝猜忌的另一辅政大臣萧子良几乎不参与政事，萧鸾借此在朝中一家独大。玩乐懒政的皇帝萧昭业见萧鸾威望日隆，秘密准备除掉萧鸾。萧鸾也抓紧行动先斩后奏，以谋反罪杀掉萧昭业心腹杨珉、徐龙驹、周奉叔、杜文谦等人，又密令倒向自己的卫尉萧谌等，严密监视萧昭业，又强化典签作用，令严格监视诸王行动，不许诸王互相联系。公元494年七月二十日，萧鸾派萧谌领兵冲入宫中，杀死萧昭业亲信曹道刚和朱隆之，萧鸾率大队士兵杀入云龙门，直到皇帝所在的寿昌殿，与萧谌弑杀萧昭业。第二天，萧鸾以太后令追废萧昭业，立新安王萧昭文为帝。

傀儡皇帝萧昭文吃口饭都要萧鸾批准，事实上对萧鸾构不成威胁。但高帝萧道成、武帝萧赜后代子孙，仍然是萧鸾的心腹大患。完全掌握朝政的萧鸾任命侄子萧遥光与萧遥欣为朝廷要员，又借机大肆诛杀萧道成、萧赜子孙。郁阳王萧锵、随王萧子隆、江州刺史晋安王萧子懋、萧赜第五子萧子敬、文惠太子第三子萧昭秀、萧道成第十五子萧锐、鄂州刺史萧钰、南豫州刺史萧铿接连被杀。接着，所剩萧道成儿子萧铄、萧锋，萧赜儿子萧子真、萧子伦等全都被萧鸾派人杀死。萧鸾认为全部障碍清除之后，于公元494年十月以太后名义下令废掉萧昭文，自己登上皇帝宝座。

萧鸾年轻时以不慕奢华闻名，即位后大张旗鼓提倡节俭，停止各地向中央进献，停止不少劳民工程，下诏拆除武帝萧赜所建新林苑，将土地归还百姓；将文惠太子萧长懋所圈东田转卖民间；收起皇帝车马舟船上的金银饰物归放库房。

萧鸾生性多疑，篡位自立后更加心虚，深居简出，很少外出巡视，偶尔出行也会百般隐瞒行踪。萧鸾尤其担心他人效仿自己，便日夜揣摩何人可能篡位。一旦杯弓蛇影，便举起屠刀让他们身首相移。公元495年，萧鸾赐死曾经帮助自己篡夺帝位的首席功臣萧谌，并将萧谌兄弟萧诞、萧诔一同杀死。不久，又赐死武帝儿子萧子明、萧子罕、萧子贞等。公元498年萧鸾病重，为讨吉利，当年四月改年号永泰。不久，大司马、会稽太守王敬则反叛。萧鸾立即下令，将王敬则儿子全部杀死，然后调兵遣将进行镇压。由于王敬则打着拥立南康侯萧子恪的旗号，萧鸾十分紧张。萧鸾侄萧遥光乘机劝萧鸾斩草除根，把高帝、武帝子孙全部杀死。于是，萧鸾下令将在京的王侯全部召入宫中，就连尚在襁褓中的婴儿也令乳母抱来，然后下令太医煮好毒汤，只等三更一到，将他们全部毒死。危急关头萧子恪赶回京城，与大臣们苦苦劝谏方才作罢。公元498年七月三十日萧鸾病逝，其在位 5 年，终年 47 岁。

6. 东昏侯萧宝卷

　　萧鸾病逝，16 岁太子萧宝卷登极。萧宝卷生于公元483 年，为齐明帝萧鸾次子，母亲刘惠端。萧宝卷自幼口吃，不喜读书，专注嬉玩，能与侍卫通宵达旦掘洞捉鼠。因长兄萧宝义庶出并且残疾，实难君临天下，萧鸾于公元494 年册立萧宝卷为皇太子。萧鸾去世萧宝卷继位，父皇葬礼大典，萧宝卷见哭灵大臣帽子掉落露出秃顶，居然狂笑大叫"秃鹙也来哭丧"。

　　萧宝卷嬉戏无度，即位后不理政事，专心搜集研究改进杂技节目，亲自肩扛七丈有余木制道具，任演员在上面攀升翻腾；有时口衔沉重幢木，致使满嘴流血、牙齿松动。萧宝卷即兴派人大修殿台楼阁，贪官污吏趁机敲诈，祸害百姓家破人亡。

萧宝卷专心玩乐，经常一连数月不去临朝，幸有时称"六贵"的萧鸾托孤大臣萧遥光、徐孝嗣、萧坦之、江祏、江祀、刘暄六人辅助维持朝局。六人中江祏、江祀兄弟姑母为萧宝卷祖母，两人以此关系，屡次进谏不见成效，便商议废昏立明。江祏欲立萧鸾第三子江夏王萧宝玄，刘暄要立建安王萧宝寅，萧遥光干脆要自立为帝。刘暄因萧遥光为帝会失去自己皇帝舅父尊位而坚决反对，萧遥光遂派人刺杀刘暄。刘暄察觉自己性命受到威胁，遂即向皇帝萧宝卷告发。萧宝卷下令，捕杀了右仆射江氏兄弟。萧遥光起兵反抗，被右将军萧坦之讨平。遭小人谗言，萧坦之父子被萧宝卷诛杀。萧鸾托孤"六贵"中尚剩领军将军刘暄、司空徐孝嗣，也被萧宝卷听信茹法珍、梅虫儿之言杀尽。此后，残忍好杀的萧宝卷，视大臣如同儿时掘出的老鼠，动辄举刀，致使人心离散，朝野怨愤，文官告退，武将造反。公元499年十一月，太尉陈显达历数萧宝卷罪恶，在江州造反，声称要立建安王萧宝寅为帝。萧宝卷派护国将军崔慧景抗击陈显达，经过激战，陈显达兵败被杀。

平定陈显达，无人约束的萧宝卷更加放纵。萧宝卷喜好出游，一月出游多达20次。每次出游都大兴排场，必须清空京城大街小巷，不能有一个人出现。百姓听到鼓乐，必须快速逃离住宅，如果被萧宝卷遇见，即被处死。如此让京师百姓苦不堪言，田地荒芜，死人也无法埋葬，往往弃尸路边。萧宝卷爱好骑马，驱逐百姓建大型射雉场296处，经常骑马驰骋各场。

萧宝卷宠爱潘贵妃，竟然到受虐式接受潘贵妃驱使奴役的程度。萧宝卷认为潘贵妃双足别致，便令工匠制作金莲花置放地上，任潘妃行走上面"步步生莲"；潘父曾为市井商贩，潘贵妃小时经常帮父叫卖。为让潘贵妃重温旧梦，萧宝卷特意在皇宫搭建集市，动用数千宫人卖肉卖酒卖杂货，让潘贵妃担任市场总监，自己充当城管小头目，制造纠纷请潘贵妃裁决；萧宝卷称潘贵妃父亲潘宝庆为"阿丈"，潘宝庆由此气焰嚣张，到处诬陷商人，强抢他人田宅财产，为防后患，竟将被抢人家杀光灭口。

公元500年，为避免被萧宝卷杀害，冀州刺史裴叔业投降北魏。萧宝卷派平西将军崔慧景率兵讨伐。崔慧景到达广陵（今江苏扬州），举兵叛变萧宝卷。萧宝卷所派军队被崔慧景杀得溃不成军，只好紧闭城门，坚守不出。危急关头豫州刺史萧懿率兵勤王，打败崔慧景平定叛乱，萧懿因功升为尚书令。残忍好杀的萧宝卷再次听信谗言，于同年十月派人毒杀了平定崔慧景救朝廷于水火的功臣萧懿，导致萧懿弟萧衍举兵进攻建康。

公元 501 年，萧衍在江陵拥立南康王萧宝融即皇帝位，改年号中兴，遥废萧宝卷为涪陵王。萧宝卷派征虏将军王珍国率 10 余万人抗击，在士气旺盛的萧衍部众进攻下，王珍国节节败退，一直退到宫城闭门坚守。

都城被围，人心涣散。茹法珍、梅虫儿向萧宝卷献计杀掉全部护驾不力的将士和大臣。王珍国得知消息，与副将张稷两人领兵造反，攻入宫中。萧宝卷身边宦官黄泰平、张齐见状，于公元 501 年十二月六日杀死皇帝萧宝卷。王珍国、张稷迎萧衍入城。萧衍以太后诏，追降萧宝卷为东昏侯。萧宝卷在位 4 年，终年 19 岁。

7. 和帝萧宝融

公元 501 年三月十一日，萧宝卷还在建康执政，萧衍等以太后诏，拥南康王萧宝融在荆州即皇帝位。

萧宝融生于公元 488 年，为齐明帝萧鸾第八子，母亲刘惠端，和萧宝卷为同母兄弟。公元 494 年萧鸾篡位称帝，封年仅 7 岁的萧宝融为随郡王，食邑二千户；公元 496 年萧宝融担任冠军将军，兼领石头戍军事；公元 498 年萧宝卷即位，次年改封萧宝融为南康王，任命为持节，都督荆、雍、益、宁、梁、南秦、北秦七州军事，西中郎将，荆州刺史，镇守江陵。

公元 500 年十月，众叛亲离的萧宝卷派人毒杀平叛功臣萧懿，萧懿弟萧衍起兵向建康进攻讨伐萧宝卷。萧衍一路势如破竹，十二月建康城守军倒戈，帮助萧衍顺利进入建康。公元 501 年正月，萧衍立萧宝融为帝。三月十一日，14 岁的萧宝融即皇帝位，改元中兴。后萧衍在建康以大司马进相国，封梁公。不久，萧衍以萧宝融名义杀湘东王萧宝晊兄弟，后又杀害萧鸾其他儿子。

公元 502 年二月，萧宝融晋封萧衍为梁王，增封十郡。之后下诏梁王萧衍冠冕可用十二旒，建天子旌旗，出行警戒清道，禁止行人，乘六马金银马车，其余形制等同天子。三月二十八日，萧宝融被迫禅位给梁王萧衍，南齐亡。萧衍仿萧道成代宋建齐时封刘准为汝阴王的模式，封萧宝融为巴陵王，王宫设在姑孰，后派亲信郑伯禽将萧宝融杀害。萧宝融在位 2 年，终年 15 岁。

三、梁

（502 年—557 年）

公元 502 年四月，南齐雍州刺史、梁王萧衍迫使傀儡皇帝萧宝融禅位，自己在建康称帝。

南齐明帝萧鸾去世，儿子萧宝卷即位。萧宝卷残忍无道，先后杀死很多大臣。对于雍州刺史萧衍，萧宝卷也心存猜疑，于是派人前去刺杀。行刺者敬重萧衍而直投萧衍门下，为防不测，萧衍暗地积攒力量，准备废掉萧宝卷。公元 500 年十月，萧宝卷听信谗言杀死平叛功臣萧懿。兄长遭残杀，萧衍立即集结部众，发兵直指建康，并立萧宝融为帝，后迫帝萧宝融禅位于己，代齐建梁。

萧衍称帝之后，历史也给南梁一段难得的发展机遇期。自西晋永嘉大乱开始，偏安江南的汉族政权一直受到北方游牧民族政权的军事打压。南梁建国后，与其对峙的北魏鲜卑贵族日益腐化堕落，各种社会矛盾激烈，内部开始长达几十年的内乱，国力急转直下，一直无暇顾及南梁。萧衍抓住这一机遇，吸取齐亡教训，勤于政务，不分春夏秋冬，五更起床批改公文奏章；广泛纳谏，下令设立谤木函、肺石函，功臣及有才之人没有因功受赏或提拔，或者良才没有被使用，都可以投书肺石函；普通百姓要提批评建议，可以往谤木函里投书，保证朝廷最大限度地知人善任、正确决策。萧衍经常亲自召见地方长官，训导他们清正廉明；还下诏全国，如果小县县令政绩突出，可以升迁为大县县令；大县县令政绩突出，则提拔为郡太守。农业方面鼓励耕种，要求务尽地利，允许流亡农民回乡，多次减免租调。萧衍非常节俭，衣服洗过再穿，吃饭蔬菜豆类为主，而且每天只吃一顿，太忙时喝粥充饥。如此一来，梁朝武帝时期，成为南方所建政权经济文化方面最为繁盛的时期。

萧衍本人的文化素质，在南朝所有皇帝中是首屈一指的。早在齐武帝永明年间（485年—493年），诗坛创作风气大盛，很多文人学士聚集竟陵王萧子良周围。这些文人学士中比较著名的有谢朓、沈昉、任昉、范云等所谓"竟陵八友"，萧衍即"八友"之一。建梁称帝后，萧衍经常聚拢文人学士，以赋诗为乐。在萧衍的重视和带动下，南梁涌现出大批文学史上有一定地位的作家和作品。萧统的《昭明文选》、沈约的《宋书》、萧子显的《南齐书》，刘勰的《文心雕龙》，钟嵘的《诗品》等重要著作，都创作于这一时期。江淹、谢庄、丘迟、吴均、庾信、刘昭、刘峻、陶弘景、简文帝萧纲、元帝萧绎等，都是有一定影响的文人名士。画家张僧繇以善画佛道著称，亦兼善画人物、肖像、花鸟、走兽、山水等。他的"画龙点睛"说脍炙人口。

然南梁统治稳固、国力开始上升之后，萧衍逐渐好大喜功，爱听谀言，不喜谏语，使朝政松弛，佞幸得势。萧衍带头并鼓励王公贵族信佛，到处修建佛寺，四次舍身寺院，每次让群臣聚财赎回自己，虚耗国家财力。加之北方政权中北齐北周经过改革整顿，实力得到发展。更有萧衍子孙分据大镇，昭明太子萧统去世后，个个蓄势争位，南梁隐患伺机待发。正在这时，侯景之乱不期而至，南梁从此一蹶不振。

侯景原是鲜卑族同化的羯族人，在怀朔六镇起义失败后，侯景投靠其他部落，后来又投奔北齐高欢。高欢欣赏他，委以重任。侯景为人叵测，高欢去世后，他和高欢儿子高澄不和，公元 547 年正月，侯景据河南 13 州投降西魏，西魏宇文泰对侯景有戒心。于是，侯景仍以河南 13 州为筹码，转身投降萧衍。萧衍贪图利益，不顾朝臣反对，接受侯景，封侯景为河南王、使持节、督河南河北诸军事、大行台，并派侄、兄长萧懿子、豫州刺史萧渊明率大军北上接应侯景，结果萧渊明兵败成为东魏俘虏。不久，东魏在涡阳（安徽蒙城）瓦解侯景四万之众，侯景退据寿阳。后来，侯景以诛杀朝中弄权的朱异为借口，于公元548年八月在寿阳叛乱反梁。

侯景自寿春南下，仅有兵八千，马数百匹。侯景军至朱雀桁，兵临建康，萧衍侄临贺王萧正德充当内应，派出船只、打开宣阳门接迎叛军入城。侯景军包围台城，羊侃指挥台城保卫战。侯景免北人奴隶为良民，编入军中，人人感恩，为之死战。南梁各路几十万援军集于建康周围，但将帅相互猜忌，各谋打算，拥兵观望。就在城外萧衍子孙和所率几十万大军众目睽睽之下，侯景包围台城130多天，城内粮食久绝，兵民饿死者十之八九，台城终于被侯景攻破，萧衍被囚，活活饿死。

萧衍死后，侯景立萧衍太子萧纲为傀儡皇帝。侯景攻下建康，开始向四周扩展势力。萧衍第七子、荆州刺史、湘东王萧绎派大将王僧辩东讨，连败侯景，并调广州太守陈霸先率兵北上。侯景见形势不利，于是废萧纲，立梁豫章王萧栋为帝。不久，侯景废萧栋自立，改国号汉，大杀萧衍子孙。公元552年，王僧辩、陈霸先攻下建康，企图逃跑的侯景被部下所杀。侯景攻占建康三年，建康及三吴富庶之地一如水洗，人口凋敝，城邑残破，世家大族遭受沉重打击。

侯景败亡后，益州刺史武陵王萧纪称帝于蜀，萧绎称帝定都于江陵。后萧绎攻灭萧纪，西魏乘机夺取蜀地。萧绎又与侄湘州刺史河东王萧誉、雍州刺史岳阳王萧詧内讧，萧绎攻杀萧誉，萧詧乞援西魏。公元554年十二月，西魏军攻下江陵，杀萧绎。次年，西魏立昭明太子之子萧詧于江陵，建立由自己控制的傀儡小王国，并趁机将襄阳收入版图。

江陵陷落后，王僧辩与陈霸先于次年二月迎梁元帝萧绎第九子萧方智至建康，准备称帝。时取代东魏的北齐文宣帝高洋不甘心西魏势力南扩，派其弟上党王高涣领兵南向，护送原被东魏俘虏的贞阳侯萧渊明前来继承帝位，并写信要求王僧辩迎接。公元555年三月，高洋派兵至东关（今安徽巢湖市东南），王僧辩遣徐州刺史裴之横领兵拦击，裴之横战败被杀，王僧辩屈从北齐压力，迎萧渊明入建康即皇帝位。陈霸先恨王僧辩单方做主，擅自废立。九月，陈霸先水陆并进，突袭石头城。王僧辩猝不及防，俘后被杀，萧渊明退位。梁王萧方智即皇帝位，是为梁敬帝。广州都督陈霸先自任尚书令、都督中外诸军事、车骑将军、扬、南徐二州刺史，掌握实权，趁势发展壮大自己势力。经过近十年的战争，陈霸先基本控制长江下游地区，掌握朝廷重权。见时机成熟，陈霸先便于公元557年废梁敬帝萧方智，自己在建康称帝，建立陈朝，南梁亡。

南梁疆土初期沿袭萧齐，侯景之乱后，长江下游以北土地尽为东魏、北齐所占；汉中及长江中游以北土地尽归西魏所有，南朝地域日仄。南梁传 5 帝，历 56 年，都建康，公元 557 年十月灭于陈。

1. 武帝萧衍

公元 502 年四月八日，南齐 39 岁梁王萧衍以齐和帝萧宝融禅让登极称帝，国号梁。

萧衍生于公元 464 年，为兰陵萧氏世家子弟，与南齐高帝萧道成同为汉朝相国萧何后裔，父亲萧顺之为萧道成族弟，母张尚柔。萧衍天资聪颖，喜好读书，善写文章，崇佛向道，阴阳、卜筮、骑射、声律无所不精，尤其在文学方面有着过人天赋。南齐竟陵王萧子良聚集一批文学名士，其中被称为"竟陵八友"者中，就有萧衍。有着显赫家族背景的萧衍，一开始就在卫将军王俭手下做官。王俭见萧衍有才华、有胆识，办事果断机敏，和同事以及上司关系融洽，很快提拔萧衍为户曹属官，不久又提升为随王参军。回家为父守丧三年复官后，升任太子庶子和给事黄门侍郎。

公元 493 年齐武帝萧赜去世，皇太孙萧昭业即位。萧昭业只知享乐，不理政务，不听大臣劝谏。朝中掌权的大臣萧鸾决定废萧昭业，却担忧占据荆州的随王萧子隆文武兼备，不好驾驭，就与萧衍等人商议。萧衍一番分析，一番建议，精准拿住随王萧子隆七寸。萧鸾依萧衍计策施行，废杀萧昭业，拥立萧昭文，自己掌握朝政大权。三个月后萧鸾废萧昭文自立为帝。萧鸾登基后，提拔谋划功臣萧衍为中书侍郎，后升为黄门侍郎。

萧鸾登基第二年，北魏孝文帝拓跋宏率领三十万军队进攻南齐，沿淮河向东攻打钟离。萧鸾先派左卫将军崔慧景、宁朔将军裴叔业领兵迎战。听到北魏军队分兵攻打义阳，萧鸾又派遣萧衍和平北将军王广之领兵救援。王广之兵进距离义阳百里之外时，听说北魏军队人强马壮，于是畏缩不前。萧衍请求充当先锋，和北魏军队交战。王广之分出部分军队予萧衍，萧衍连夜带兵赶到距魏军较近的贤首山，命令士兵满山遍插梁军旗帜。天一亮，义阳城中齐军看到众多旗帜，以为重兵已经赶到，于是士气大振，马上集合军队出城攻击北魏军队，这边萧衍亲自上阵，摇旗擂鼓夹攻北魏军，一举将北魏军击溃，萧衍因战功升任太子中庶子。

萧鸾在位五年病逝，其子萧宝卷即位。萧宝卷暴虐无道，妄杀大臣，萧衍也在其要杀之列，幸派出刺客仰慕萧衍而使萧衍躲过一劫，时萧衍已经开始谋划废萧宝卷。正在这时，萧宝卷举刀冤杀军功大臣萧衍兄长萧懿，萧衍立即召集部下举兵。为增加号召力，在江陵拥康王萧宝融即皇帝位。萧衍领兵到建康城下，激战守军，攻下外城，将宫城团团围住。至此萧宝卷仍大开杀戒，使守城将领征虏将军王珍国彻底失望。王珍国暗中派心腹送萧衍一面明镜，并联络其他大臣，带兵夜入皇宫杀死萧宝卷，迎接萧衍入城。

萧衍攻占首都建康后派兵四处征讨，各地官员纷纷归顺。萧衍拥萧宝融立下首功，因此升任大司马，掌管中外军国大事，享有剑履上殿、入朝不趋、赞拜不名等殊荣。公元 502 年四月，萧衍逼萧宝融禅位，在都城南郊祭告天地，登坛接受百官跪拜朝贺，登基称帝，建立梁朝，后派人杀萧宝融。

在南北朝乃至所有封建帝王中，萧衍有着大多数帝王不可比拟的综合素质。萧衍经学方面撰有《周易讲疏》《春秋答问》《孔子正言》等二百余卷，五经义注讲疏二百卷，制成吉、凶、军、宾、嘉五礼一千余卷；史学方面主持编撰《通史》六百卷；佛学研究著作有《涅萃》《大品》《净名》《三慧》等数百卷，并把儒家"礼"、道家"无"和佛教涅槃、"因果报应"结合起来，创立了在中国佛教思想史上占有极其重要地位的"三教同源说"。萧衍诗赋也有过人之处，尤其是七言诗，平、仄韵互换，抑扬起伏，颇具独创性，为七言诗发展做出了贡献。萧衍素善钟律，曾制准音器四具，名曰"通"，每通三弦，以推月气；又制十二笛和十二律相应，每律各配编钟、编磬，丰富了我国传统器乐的表现能力；萧衍喜欢绘画，尤善画花鸟走兽；萧衍在书法方面留下了《观钟繇书法十二意》《草书状》《答陶隐居论书》《古今书人优劣评》四部书法理论著作，为历代书法理论典籍中的精品。尤以建梁称帝以后，经常招聚文人学士，研习经史子集、文学艺术，推动了梁代学术风气的兴盛。

萧衍称帝初期重视儒家思想，亲自撰写《春秋答问》等书，解答大臣疑问，倡导建立良好学习风气。农业方面下令广辟良畴，务尽地利；允许流亡农民回乡，多次减免租税。萧衍自己勤于政务，不分春夏秋冬五更起床批改公文奏章，冬天手足冻裂也不懈怠。为广纳谏言，最大限度用好人才，下令在宫门前设立谤木函和肺石函，有功臣或有才之人没有因功受赏或提拔，有良才没有被使用，都可投书肺石函；一般百姓要给国家提批评建议，可以投书谤木函。萧衍力行节俭，史书称"一冠三年，一被二年"，吃饭也是蔬菜豆类，而且每天只吃一顿，太忙时喝点粥充饥。萧衍重视官吏的选拔任用，经常亲自召见地方长官，要求他们清正廉明，下诏全国小县县令政绩突出可升迁到大县任县令，大县县令有政绩则提拔到郡做太守。萧衍的政令实行起来以后，梁的统治状况得到显著改善。

　　和封建社会很多皇帝一样，萧衍猜疑心重，忌惮开国元勋，但对皇室亲属的照顾，却几乎不讲原则、徇私护短。六弟萧宏三子萧正德，凶狠奸邪，招揽恶棍，杀人抢劫，为东府城民害之首。萧衍不加节制，任命其以黄门侍郎身份担任轻车将军。萧正德并无任何感激，于公元525年投奔北魏。对此伯父为天子、父亲做刺史、厚爱重用而不知恩遇的叛国小人，北魏嗤之以鼻。公元526年，混不下去的萧正德又从北魏逃回梁朝，萧衍没有责备，还恢复其封爵，任命为征虏将军。公元532年，又任萧正德为信武将军、吴郡太守。不久受征召入朝，担任侍中、抚军将军，还册封为临贺王。随着官爵的提升，萧正德越来越凶残暴虐，四处招罗亡命之徒。更为可恶的是，侯景反叛，梁武帝命萧正德为平北将军、都督京师诸军事，屯守丹阳（今江苏南京西南）。而萧正德早与侯景勾结，派大船数十艘，以运芦苇为名，暗中接应侯景，配合侯景攻破朱雀门、打开宣阳门，迎接侯景军入城。为帝48年的梁武帝在自己亲侄子的紧密协助下，被侯景囚禁毙命。

　　萧衍六弟萧宏窝藏杀人凶手，萧衍不加惩罚，反而加封官职，妄加纵容。不知恩遇的萧宏更加肆无忌惮地胡作非为，竟与萧衍长女私通，两人谋划篡夺萧衍皇位，还派人刺杀萧衍。如此滔天之罪，萧衍也不予追究。

　　次子萧综母亲吴淑媛原为东昏侯妃子，跟随萧衍仅七个月生下萧综，朝野认为很有可能为东昏侯儿子。萧衍并不介意，封萧综为王，为将军。吴淑媛失宠后将此事告诉萧综，萧综从此与萧衍更为疏远。后来，北魏犯境，萧衍派萧综领兵，督率各军御敌。萧综前去投降北魏，改名萧缵，接受北魏高官厚禄，明确自己要为东昏侯服三年丧。萧衍非常生气，撤销萧综封号。不久吴淑媛病逝，萧衍又下诏恢复萧综爵位。

执政后期，萧衍对政事越来越疏淡，对佛事越来越重视，还先后四次进寺庙做和尚、当住持、讲解经书。公元527年三月八日，萧衍第一次前往同泰寺舍身出家，三日后返回，大赦天下，改年号大通；三年后的九月十五日，萧衍第二次到同泰寺举行"四部无遮大会"，脱下帝袍，换上僧衣，舍身出家，群臣向寺庙捐钱一亿赎萧衍还俗；之后两次都是群臣以数亿国库钱财将萧衍赎回。同时，萧衍倡导大建寺庙，"都下佛寺五百余所，穷极宏丽。僧尼十余万，资产丰沃"。而朝政却日益昏暗，加之用人失察，政绩下降，众子拥兵，危机四伏。就在这时，"侯景之乱"不期而至，致使南朝迅速衰落。

侯景公元503年出生于怀朔镇（今内蒙古固阳南），为被鲜卑同化的羯人。侯景曾投靠北齐奠基者高欢，受到高欢信任。但侯景反复无常，居心险恶。高欢去世后，侯景与高欢子高澄不和，即于公元547年正月据河南13州投降西魏。西魏宇文泰始终对侯景保持戒心，侯景转而又持河南 13 州降梁。萧衍接受并封侯景为河南王、大将军。公元 548 年八月，侯景找借口举兵反梁。萧衍丝毫没有察觉自己侄子萧正德与侯景勾结，即任命萧正德为都督京师诸军事，负责保卫首都建康。萧正德派出船只从北岸横江接侯景到南京，配合侯景迅速包围台城。梁国各路数量实力大大胜过侯景军队的援军聚集建康周围，但各军将帅钩心斗角，观望不战，致使侯景围城 130 多天后攻破宫城，囚禁萧衍，直到公元 549 年五月二日，致使萧衍活活饿死。萧衍在位 48 年，终年 86 岁。

2. 简文帝萧纲

武帝萧衍去世，太子萧纲于公元 549 年五月二十七日登极称帝。萧纲生于公元 503 年十月，为梁武帝萧衍第三子、昭明太子萧统同母弟，母亲丁令光。

公元 506 年，4 岁萧纲被封为晋安王，食邑八千户；公元 509 年任云麾将军，领石头戍军事；公元 510 年改任使持节、都督南北兖、青、徐、冀五州诸军事、宣毅将军、南兖州刺史；公元 513 年入朝任宣惠将军、丹阳尹；公元 514 年出为使持节、都督荆、雍、梁、南北秦、益、宁七州诸军事、南蛮校尉、荆州刺史；公元

515 年改任为都督江州诸军事、江州刺史；公元 518 年征为西中郎将、领石头戍军事，不久复任宣惠将军、丹阳尹，加侍中；公元 520 年出任为使持节、都督益、宁、雍、梁、南北秦、沙七州诸军事、益州刺史，旋即改授云麾将军、南徐州刺史；公元 523 年使持节、平西将军、宁蛮校尉、雍州刺史；公元 524 年进号安北将军；公元 526 年擢升都督荆、益、南梁三州诸军事；公元 530 年征为都督南扬、徐二州诸军事、骠骑将军、扬州刺史。武帝曾立长子萧统为太子。萧统聪颖好学，由其编纂的《昭明文选》传世至今，评价很高。不料萧统于公元 531 年四月病逝，五月，萧纲被立为太子。

萧纲担任雍州刺史七八年间，减轻农民负担，整顿官场贪惰，发兵北伐拓地，取得一定成绩。尤其以他为中心，在入主东宫前后，形成了一个主张鲜明的文学集团，实践并倡导文学史上著名的宫体文学，推动了文学事业的发展。萧纲文学集团的后起之秀徐陵、庾信，成为梁朝之后二百多年间的文学偶像。

然而，并非嫡长子或嫡长孙的萧纲被立为皇太子，萧衍其他子孙纷纷表示不满，有的在暗中积蓄力量，时刻准备取而代之。萧纲十分清楚自己的处境，于是，他挑选精兵强卒，加强训练，以防不测。可是，内部不测尚未爆发，外部不测骤然而至。

公元 548 年八月，侯景在寿阳举兵反梁。武帝萧衍得知侯景叛变之后，急命合州刺史鄱阳王萧范为南道都督、北徐州刺史封山侯萧正表为北道都督，司州刺史柳仲礼为西道都督、通直散骑常侍裴之高为东道都督，共同讨伐侯景。又命开府仪同三司、丹阳尹、邵陵王萧纶持节统率众军支援。九月二十五日，侯景谎称游猎离开寿阳，率军突袭谯州（今安徽滁县）、历阳（今安徽和县），两城守将不战而降。不久，侯景攻到建康城下，梁武帝命萧纲统揽国事。萧纲命萧正德率军把守建康朱雀门，萧正德却已经与侯景勾结，趁机放下城门吊桥接侯景入城，致使萧纲仓促率众退守台城。侯景迅速断绝内外交通，将台城团团围住。

此时梁朝各路十二三万援军已经到达建康城外，然援军各部钩心斗角，观望不战。侯景抓住机会，决玄武湖水灌台城，命军士日夜不停攻城，终于攻进台城。侯景一进城即软禁梁武帝萧衍，断其饮食，萧衍很快病饿去世，侯景扶萧纲即皇帝位。

萧纲名为皇帝，但仅为侯景傀儡。侯景趁萧氏诸王内乱，派部将宋子仙、任约攻占许多州郡，势力不断增强，心中即有篡位想法。公元 551 年八月，侯景派人带兵闯入宫中，杀萧纲太子萧大器等宗室王侯 20 多人。公元 551 年八月十七日，侯景废萧纲为晋安王，软禁于永福省，立容易控制的豫章王萧栋为皇帝。十月初二，侯景派王伟等将萧纲弑杀。萧纲在位3年，终年49岁。

3. 萧栋

简文帝萧纲被杀，侯景假萧纲诏，于公元551年八月二十一日立萧栋为帝。

萧栋为豫章王萧欢长子，祖父为梁武帝萧衍昭明太子萧统。萧统去世后，梁武帝曾经打算立萧欢为皇太孙，再三考虑后册封了三子萧纲。

投梁而后作乱的侯景，在率兵攻破建康台城、囚禁梁武帝萧衍致其去世后，先立萧纲做傀儡皇帝。后来形势对侯景不利，侯景担心不能久据建康，便谋划早日篡位称帝。依心腹王伟之计，侯景决定和大多数篡位者一样，先行一番废立。于是，侯景遣卫尉卿彭德等率兵入殿，废简文帝萧纲为晋安王，将其软禁于永福省。然后派人从软禁处接来豫章王萧栋，拥立萧栋登基为帝。

侯景立傀儡皇帝萧栋，仅用来掩人耳目，为自己篡位做准备。萧栋登位之后，侯景加速行动，先杀萧纲太子萧大器和在京的萧氏王侯20余人，又杀在外地的简文帝诸子。随后杀死简文帝，将萧纲父子扫除殆尽。十一月九日，侯景命萧栋给自己加九锡，十天之后逼萧栋下诏禅位，侯景称帝，改元太始，国号汉。侯景改封萧栋为淮阴王，与其弟萧桥、萧璆一同被囚禁于密室之中。

公元 552 年三月，王僧辩奉湘东王萧绎之命，率兵讨伐侯景，收复建康，侯景逃走。萧栋及两个弟弟见无人看管，相互搀扶走出密室。而这时，受萧绎密令，萧绎心腹朱买臣正在四处寻找萧栋兄弟。第二天，萧栋兄弟三人路遇朱买臣，朱买臣热情邀请三人上船饮酒，伺机将萧栋兄弟三人全都溺死于水中。萧栋在位四个月，生年不详。

4. 元帝萧绎

公元 552 年十一月十二日，萧衍第七子萧绎在江陵登极称帝。

萧绎生于公元 508 年八月，为梁武帝萧衍第七子，母亲阮令嬴。萧绎 6 岁时被封为湘东郡王，食邑 2000 户。后来又任荆州刺史、江州刺史、都督荆雍九州军事。

萧绎自小十分聪明，5 岁能背诵《曲礼》，6 岁能作诗。《梁书》称"博总群书，下笔成章，出言为论，才辩敏速，冠绝一时"。前 40 年中，身处太平盛世的萧绎，不懈怠不放纵，勤奋苦读著书，撰有《孝德传》《忠臣传》《注汉书》《周易讲疏》《老子讲疏》《全德志》《江州记》等学术著作。绘画《职贡图》记录当时各国来梁朝贡人物形象。画面上有金发碧眼的波斯胡人，有浑身只披一块白布的黑人。这幅《职贡图》不但为绘画艺术史上不可多得的珍品，更是研究中国古代朝贡史极为珍贵的资料。

萧绎早年因病一眼失明，也许生理缺陷给了他沉重的心理负担，致使一生集聪明虚伪、自私残忍于一身。尤其在侯景之乱中，萧绎具有解救危难的权力和实力，但却暗藏私心，故意放纵侯景作乱，造成父皇被侯景逼死，自己为争夺皇位，残忍加害兄弟子侄，在造成家国灾难、富庶江南残破中发挥了重要作用。

公元 549 年，侯景发动叛乱，围困台城。萧绎亲自率 3 万大军由江陵向东进发救援建康。行至武城，萧绎命令军队停止前进，观望等待其他诸王消息。直到年底，萧绎得知各路援军已经到达建康城外，才令世子萧方智与竟陵太守王僧辩率大军向建康进发。从此为争夺皇位，萧绎先后杀弟桂阳王萧慥，侄萧誉，袭击兄长萧纶。武陵王萧纪派儿子萧圆照援助萧绎，而萧绎将其阻挡在白帝城；另一个侄子萧圆正率领部下前来听命，萧绎将其囚禁岳阳。

萧绎在占据郢州之后，本想继续率兵攻伐八弟益州刺史武陵王萧纪，时侯景派宋子仙、任约带兵远征江陵。萧绎以王僧辩为大都督，率马州刺史淳于量、定州刺史杜龛、宜州刺史王琳、郴州刺史裴之横等屯于巴陵（今湖南岳阳），共同抗击侯景。侯景由于久攻江陵不下，加之军中缺粮、瘟疫横行，连夜逃回建康。萧绎命王僧辩继续引军东下讨伐侯景。不久，王僧辩攻陷汉口，活捉侯景别将支化仁。接着，王僧辩率军一鼓作气，攻克郢州罗城，迫使宋子仙退守金城。最终在杜崱及周铁虎的截击下，王僧辩活捉宋子仙与丁和，鄂州由此重新回到萧绎手中。

侯景逃回建康，感到大势已去，又得知宋子仙战死的消息，知道自己不可能久据建康，遂决定篡权称帝。公元 551 年八月，侯景废简文帝萧纲，立豫章王萧栋为帝，改元天正。不久，侯景又杀萧纲和萧栋，自立为帝，改元太始，国号汉。

公元 552 年二月，陈霸先自南江进入长江与王僧辩合击侯景，大败的侯景带着两个儿子逃到晋陵，在松江被梁将侯慎追上，侯景随行残兵所剩无几。于是，侯景将两个儿子推入江中，只带心腹 10 人坐一条小船，打算沿江东下入海逃命。途中，侯景被羊侃子羊鹍刺杀，历时三年多的侯景之乱终于平息。公元 552 年十一月，萧绎在江陵自立为帝。

萧绎称帝时，背靠长江的江陵以北是北齐，无险可守；江陵西边四川为益州刺史武陵王萧纪据守，而且在萧绎称帝之前，萧纪已在成都自称皇帝。为争夺正统，萧绎率兵与萧纪开战。最终，在西魏宇文泰出兵相助下，萧绎攻灭武陵王萧纪，夺得梁朝正统皇位，西魏也乘机占领了益州等地。

攻灭萧纪后，大臣认为江陵远离南朝长期的政治、军事中心建康，而且容易受到西魏威胁，建议将都城迁回故都建康，但萧绎并未同意。之后，萧绎封王僧辩为太尉、车骑大将军，让其镇守建康；封陈霸先为司空，让其镇守京口。萧绎认为从此天下无事，可以安心当皇帝。公元554年，萧绎又极为傲慢地写信给西魏宇文泰，要求按照旧图重新划定疆界。此信激怒宇文泰，宇文泰以此为借口，命令常山公于谨、大将军杨忠等率领5万兵马进攻江陵（今湖北江陵县），而萧绎对此浑然不觉。在接到西魏进攻的消息后，萧绎听信谗言，对魏军不加戒备。不久，西魏大军进军樊城，久已觊觎皇位的梁雍州刺史萧詧与魏军勾结，合兵进攻江陵。萧绎急派王僧辩率军御敌，但为时已晚。在魏军将要攻破江陵之时，萧绎命人将江陵宫中收藏的14万卷图书付之一炬，并拔剑击柱说："读万卷书，落此下场，要它何用！"萧绎将珍贵文献焚毁，使中国古代文化蒙受巨大损失。十一月，西魏军渡过汉水，连克武宁、黄华等，兵锋直指江陵城。江陵梁军拼命抵抗，但无济于事，不久破城。萧绎在集杀亲、失地、辱国、毁文化于一身后，于公元554年十二月十二日率太子等人投降西魏，后被杀。萧绎在位3年，终年47岁。

5. 敬帝萧方智

公元 555 年二月初二，13 岁晋安王萧方智登极，朝政由太尉王僧辩、骠骑大将军陈霸先主持。

萧方智生于公元 543 年，为元帝萧绎第九子，母亲夏贤妃。萧方智 7 岁时被封为兴梁侯；公元 552 年加封为晋安王，食邑二千户；公元 553 年出任平南将军、江州刺史。

公元 554 年十一月，西魏攻陷江陵。十二月，萧方智父亲梁元帝萧绎投降西魏后遇害。太尉、扬州刺史王僧辩，司空、南徐州刺史陈霸先遂拥立 11 岁的萧方智为梁王、太宰，承制行事，迎萧方智返回京师建康（今江苏南京），入朝监国理政。公元 555 年二月初二，萧方智从寻阳入居朝堂，任命王僧辩为中书监、录尚书、骠骑将军、都督中外诸军事，加陈霸先班剑三十人。

公元 555 年三月，北齐高洋为深度控制梁朝，决定护送曾俘获的南梁贞阳侯萧渊明到建康，写信要求王僧辩立萧渊明为皇帝，王僧辩没有答应。高洋派陆法和为都督荆雍等十州诸军事、太尉、大都督、西南大行台，率兵南下攻打王僧辩，武力逼迫王僧辩拥立萧渊明。三月，北齐军队到达东关，杀死梁吴兴太守裴之横。四月，司徒陆法和以郢州归附北齐。王僧辩见齐军来势凶猛，形势极为不利，即同意北齐要求，废黜萧方智，以萧方智为皇太子，迎萧渊明回建康当皇帝。对于接纳萧渊明为皇帝，陈霸先多次表明坚决反对，由此与王僧辩产生深刻矛盾。在王僧辩立萧渊明为帝不久，陈霸先在京口起兵，与其部将侯安都率军攻入建康，杀死王僧辩，废黜萧渊明，于公元555年九月二十九日立萧方智为帝。

萧方智复位后，以陈霸先为尚书令，都督中外诸军事。不久，萧方智又进陈霸先为丞相、录尚书事、镇卫大将军、扬州牧、义兴公。次年九月，陈霸先又进位相国，总百揆、封陈公，备九锡之礼。不久，陈霸先又晋爵为王。公元557年十月，陈霸先逼萧方智禅位于己，陈霸先封萧方智为江阴王，南梁灭亡。次年三月，陈霸先派人将萧方智杀害。萧方智在位3年，终年16岁。

四、陈

（557 年—589 年）

公元 557 年十月，南梁陈王陈霸先以敬帝萧方智禅位名登极称帝，都建康，国号陈。南陈疆土比宋与梁狭小，仅控制江陵以东、长江以南地区。陈传 5 帝，历 33 年，都建康，公元 589 年灭于隋。

陈霸先出身寒门，祖先曾从颍川南渡，居于吴兴。陈霸先粗略读过兵书，曾在乡里任里司，后投身行伍，为梁新喻侯萧暎小吏。后萧暎任广州刺史，陈霸先随行。几年后萧暎病故，陈霸先受命平定交州土豪李贲之乱。经过三年苦战，陈霸先铲除以李贲为首的分裂势力，收复交、爱、德、利、明等数州，公元 548 年被加授督七郡诸军事。就在这一年，江南侯景之乱爆发，朝廷急召各地王侯发兵勤王，时镇守广州的梁宗室曲江侯萧勃无意讨伐。陈霸先苦等一年，武帝萧衍也已驾崩，太子萧纲被扶立后遭软禁。陈霸先眼见等候萧勃无望，只好遣使江陵，投到武帝萧衍第七子、湘东王萧绎帐下，受其节制。等萧绎准备讨伐侯景时，陈霸先受命北上，最后与王僧辩一起建立功勋。

公元 554 年九月，西魏大军破江陵，梁元帝萧绎被杀，王僧辩与陈霸先商定以萧绎儿子萧方智为梁王。不久，王僧辩为北齐军势所慑，迎立北齐扶植的武帝萧衍侄萧渊明为帝。陈霸先深感不满，于同年九月偷袭王僧辩，废黜萧渊明，拥萧方智为帝。萧方智任陈霸先为尚书令、都督中外诸军事、车骑将军，领扬、南徐二州刺史。公元 557 年，陈霸先受禅代梁建陈。不到两年之后，陈霸先因病去世。时陈霸先子陈昌扣在北周为人质，宣皇后与中书舍人蔡景历等，召陈霸兄陈道谭长子陈蒨入朝为帝，即陈文帝。

本来，陈霸先生有四子。陈克、陈立、陈权三子早夭，唯一在世的儿子陈昌，曾被西魏俘虏至关中扣为人质。后灭西魏的北周，仍扣留陈昌以要挟陈霸先，陈霸先多次遣使联络放归终无果。陈蒨登极为帝后的公元 560 年，北周为搅浑南陈政局，而释放了陈昌。陈昌进入陈国境内，陈蒨诏令沿途官员隆重迎接，并派大将侯安都护送。然而，极其凑巧的是，如此隆重慎重地接迎，就在陈昌过江时，却因大船故障致陈昌溺入江中而亡，陈霸先一支就此终结。

因陈蒨年长，且早年跟随陈霸先征战，得到实际锻炼，在位的七年中，一方面平湘州王琳、临川周迪、豫章熊昙朗、东阳留异、建安陈宝应之乱，另一方面励精图治，整顿吏治，注重农桑，兴修水利，使江南经济得到一定恢复。当时陈朝政治清明，百姓富裕，国势比较强盛，陈蒨为南朝皇帝中难得一见的有为之君。公元566年四月文帝陈蒨去世，遗诏皇太子陈伯宗继承帝位。陈伯宗年幼，便以叔父安成王陈顼为司徒、录尚书事、都督中外诸军事，政局尽为陈顼掌控。公元568年十一月，陈顼废陈伯宗为临海王，自立为帝，是为陈宣帝。

宣帝陈顼为武帝陈霸兄陈道谭次子，文帝陈蒨弟。早年，陈顼和陈昌一起被西魏俘虏到关中。公元562年，陈顼回到陈朝，文帝陈蒨以其备受磨难，屡屡加官晋爵，为陈顼日后篡位打下坚实基础。宣帝陈顼在位十四年，国家比较安定，政治也较为清明。陈顼兴修水利，开垦荒地，鼓励农民生产，社会经济得到了一定恢复与发展。公元573年，陈顼派大将吴明彻北伐，攻占吕梁（今江苏省徐州市附近）、寿阳（今安徽省寿县），一度占有淮泗之地。公元582年宣帝陈顼去世，太子陈叔宝即位。

陈叔宝为宣帝陈顼嫡长子，公元569年册封为皇太子。陈叔宝在位期间，荒废朝政，耽于酒色，醉心诗文音乐。不久隋朝开始灭陈行动，陈叔宝以为凭借长江天险可以太平无事，整日在内宫花天酒地，根本不知道隋朝大军五十万已经准备过江。后隋军大举南下，攻破建康，陈叔宝被隋军掳至长安，陈朝灭亡。

陈朝建国后，萧梁残余势力尚存，来自北方齐、周的威胁有增无减，南部境内的地方豪强蠢蠢欲动，使建康朝廷难以安宁。先是梁宗室萧勃在广州起兵，接着梁湘州刺史王琳又联合北齐抗陈，占据郢州江州，俘获南下镇压萧勃的陈军大将。文帝陈蒨最后击败东下进攻建康的王琳与北齐的联军，但湘州又被北周袭取。直至陈蒨收复江郢，周军才被迫撤退。侯景乱梁、萧梁政权濒于瓦解之际，东晋以来被侨姓士族目为庶族异类、摒斥于南朝政治舞台之外的南方豪强著姓，以讨侯景为名，招募乡里壮士，补充部曲私兵，形成割据势力，如豫章熊昙朗、临川周迪、东阳留异、晋安陈宝应等，都以较强军事实力抗衡朝廷。文帝陈蒨先加笼络，后次第诛灭，对一些势力较弱的地方豪强，如新安程灵洗、新蔡鲁悉达、始兴侯安都等，陈蒨则用为各地刺史，借其力量稳定五岭以北。

陈时朝廷政事及机要并归中书省，中书省设中书舍人五人，下属二十一局，为尚书省相应各曹的上司，尚书省俯首听命而已。无论侨姓士族或江南士族，不仅政治上早已无所作为，社会声望和经济地位也一落千丈，门阀制度已经彻底没落。宣帝陈顼时，北周约陈共伐衰乱的北齐。陈军于公元 575 年大败齐兵于吕梁（今江苏徐州东南），收复淮南失地。北周乘齐军受陈牵掣，伺机东进，于公元 577 年灭亡北齐。及陈宣帝醒悟命大将吴明彻北伐，想进一步夺取徐兖。吴明彻以清水灌彭城，被周军塞断船路，大败被擒，淮南之地尽入北周。至后主陈叔宝荒淫奢侈，大臣争为陪酒赋诗"狎客"，在蒸蒸日上的隋朝铁骑下，南陈亡国和南北统一如期而至。

1. 武帝陈霸先

梁敬帝萧方智禅位于其所封陈王陈霸先，陈霸先于公元 557 年十月十日在建康登极称帝，国号陈。

陈霸先于公元 503 年生于吴兴（今浙江长兴），父亲陈文赞，母亲董氏。陈霸先出身寒微，家境清贫，但从小胸怀大志，虽然不爱生产劳动，却喜欢史书兵法、习拳练武。成人之后，陈霸先身高体壮，练得一身武艺，加之长于谋略，处事明达果断，在同辈中脱颖而出。

最初，陈霸先在乡中里司做小官。之后来到梁都建康做看守油库的小吏。由于识文断字，不久陈霸先担任了新喻侯萧暎的传令官。陈霸先忠于职守，办事牢靠，很受萧暎赏识。之后朝廷任命萧暎为吴兴太守，萧暎赴任时，指名陈霸先跟随。公元 540 年，萧暎任广州刺史，推举陈霸先为广州府中直兵参军。不久，萧暎派陈霸先出任西江督护、高要太守。

公元 541 年，交州（今越南河内市东北）土豪李贲发动叛乱。公元 542 年春，梁武帝遣将讨伐，诸军进攻不利。公元 543 年四月，李贲控制整个北越地区。梁武帝又命新州（今广东新兴）刺史卢子雄、高州（今广东阳江旁）刺史孙冏出兵讨伐李贲。因战事无进展，梁武帝以为卢、孙二将交通李贲，敕令在广州赐死。卢子雄部下周文育、杜僧明等人哗变，包围广州城，广州刺史萧暎急召陈霸先平乱。陈霸先闻报，率三千精兵日夜兼程，火速救援，经过激战，大败叛军，生擒周文育、杜僧明等叛将，迅速平定叛乱。梁武帝萧衍得知，下诏封陈霸先为直阁将军，派画师前往广州为陈霸先画像，以示嘉奖。

公元 545 年，李贲反叛梁朝，设置百官，自称越帝。朝廷封陈霸先为交州司马、领武平（今越南永安附近）太守，命他征伐叛逆。接到朝廷旨意，陈霸先立即招兵买马，整修兵器。次年六月，陈霸先率领讨伐大军到达交州，李贲率 3 万人马在苏历江口抗击。陈霸先身先士卒，率领大军冲锋陷阵，取得大胜。李贲兵败，溃逃嘉宁县屈獠地区。屈獠到处崇山峻岭，环境恶劣，陈霸先经过三年苦战，终于扫平以李贲为首的地方分裂势力，收复交、爱、德、利、明等数州。本次平叛陈霸先功勋卓著，梁武帝任命陈霸先为西江督护、高要太守，加授督七郡诸军事。

公元 548 年八月，东魏降将侯景举兵反梁。在梁内部叛将接应下，侯景于次年三月攻破宫城，梁武帝萧衍病饿而亡，太子萧纲被侯景扶为皇帝。时镇守广州的梁宗室曲江侯萧勃无意讨伐叛贼，陈霸先遣使往江陵，投梁武帝第七子、湘东王萧绎帐下。公元 550 年正月，陈霸先大军从始兴抵达大庾岭，击败奉萧勃之命在南野（今江西南康南）拦截的蔡路养，乘胜进驻南康。萧绎授陈霸先为明威将军、交州刺史。此后，陈霸先与响应侯景的高州刺史李迁仕在南康一带展开拉锯战，历时一年半擒斩李迁仕，于公元 551 年六月发兵南康，八月与萧绎部下都督王僧辩会师。时王僧辩等西路各军严重缺粮，陈霸先送三十万石军粮给王僧辩，打消了王僧辩对陈霸先的顾忌，增添了陈霸先在西路军中的威信。

陈霸先发兵南康时，萧绎部下大将王僧辩、胡僧祐、陆法和等，在巴陵（今湖南岳阳）、郢州（今湖北武汉）一带击败侯景主力，迫使侯景转攻为守。公元 551 年七月，侯景废简文帝萧纲，立梁豫章王萧栋为帝。十月侯景杀萧纲、十一月废萧栋自立为帝。次年正月，拥甲士三万、强弩五千、舟舰二千的陈霸先从豫章（今江西南昌）出发抵达湓口（鄱阳湖入长江口），王僧辩等西路大军从寻阳起行，在白茅湾（今安徽怀宁东）与陈霸先会师。征讨侯景大军沿路攻克芜湖、姑孰（今安徽当涂），三月在建康与侯景展开决战，彻底摧毁侯景暴乱势力，侯景被杀。陈霸先、王僧辩等各路将士拥萧绎在江陵称帝。

公元 554 年九月，西魏发兵突袭江陵，梁元帝萧绎被杀。王僧辩与陈霸先商定，以萧绎第九子萧方智为梁王、太宰，秉承皇帝旨意。时北齐高洋趁机送萧渊明回建康当皇帝，欲使梁朝成为齐国附庸，并写信给王僧辩，要求王僧辩拥立萧渊明。王僧辩迫于北齐兵临城下，便不顾陈霸先再三劝阻，于公元 555 年五月立北齐扶植的萧渊明为帝，改立萧方智为皇太子，陈霸先由此与王僧辩势不两立。九月，陈霸先起兵京口，突袭建康，杀王僧辩，废黜萧渊明。十月，陈霸先扶萧方智复位。萧方智任陈霸先为尚书令、都督中外诸军事、车骑将军，领扬、南徐二州刺史，掌握实权。

王僧辩被杀，其部下吴兴刺史杜龛与义兴太守韦载、王僧辩弟吴郡太守王僧智等据城抗击陈霸先。陈霸先派部将周文育进攻义兴韦载，出师不利。陈霸先亲自东征，派韦载堂弟劝降了韦载。这时，谯、秦二州刺史徐嗣徽与南豫州刺史任约投降北齐，并在北齐支持下偷袭建康，占据石头城。十一月，北齐派 5000 兵渡江占据姑孰（今安徽当涂）支援徐嗣徽、任约。不久，北齐又派安州刺史翟子崇、楚州刺史刘士荣、淮州刺史柳达摩领兵万人从胡墅（今江苏南京长江北岸）渡江。面对北齐咄咄逼人的气势，陈霸先派周铁虎夜袭胡墅，烧毁北齐船只千余艘，断绝敌人粮道。几天后陈霸先亲率精骑，大败徐嗣徽。陈霸先以浮桥渡河攻北齐仓门、水南两栅，大败齐军。打退北齐进犯之后，陈霸先相继讨灭东扬州刺史张彪、江宁令陈忠嗣、黄门侍郎曹郎和岭南萧勃等反叛势力。

公元 556 年三月，北齐又派大都督萧轨与徐嗣徽、任约合兵 10 万进军梁山。早有防备的陈霸先安排侯安都、周铁虎驻军这一带，齐军遭到惨败，退往芜湖。陈霸先又调定州刺史沈泰前往梁山协助侯安都守御。不久，陈霸先巡视梁山，侯安都趁机率精骑袭击齐行台司司马恭，大获全胜，俘敌数万。后萧轨发兵从旱路直逼建康，陈霸先立即召还梁山各军，趁齐军立足未稳，率兵给予沉重打击。随着齐军主力陆续到达，陈霸先在兵力上处于劣势。但此时正逢江南梅雨季节，连日大雨不断，齐军士兵整日泡于水中，腿脚溃烂，精神疲惫。陈霸先抓住时机，亲自率军一鼓作气对齐军发动进攻，最终大败齐军，俘获齐军主帅萧轨。

建康保卫战的胜利，使陈霸先威名远播。敬帝萧方智封陈霸先为中书监、司徒、扬州刺史，晋爵为长城公。公元 556 年九月，萧方智又进陈霸先为丞相、录尚书事、镇卫大将军、扬州牧、义兴公。陈霸先集朝廷军政大权于一身，萧方智完全成为傀儡皇帝。

公元 557 年二月，梁曲江侯萧勃在广州反陈霸先，举兵北伐。南江州刺史余孝顷在新吴（今江西奉新西）举兵响应萧勃。陈霸先派平西将军周文育、平南将军侯安都率军进击。陈霸先立萧方智为帝后，湘州王琳于公元 557 年五月进攻陈霸先。六月，陈霸先命平西将军周文育、平南将军侯安都等领水军 2 万会师武昌（今属湖北武汉）征讨王琳。公元 558 年正月，王琳率兵 10 万进至湓城（今江西九江），驻扎白水浦（九江西），北江州刺史鲁悉达据地自保，控制中流，王琳向北齐求援，请梁永嘉王萧庄返江南，即帝位，改元天启。萧庄以王琳为侍中丞相、录尚书事。六月，陈霸先再遣侯瑱、徐度率水军攻王琳，王琳退军湘州（今湖南长沙）。

公元 557 年九月，萧方智又进封陈霸先为相国、总百揆、陈公、备九锡之礼，陈国设置百官，俨然皇帝一般。十月，陈霸先再晋爵为王。在做好一切准备之后，陈霸先废敬帝萧方智，代梁称帝，建立陈朝，定都建康，年号永定。

陈霸先生逢乱世，在征讨叛逆的同时，坚持任贤使能，宽政廉平，注意保护传统文化，着力维护社会稳定，大力发展经济，迁移广东兵民到江南地区，补充人口，恢复生产，江南局势渐趋稳定。公元 559 年六月十二日，陈霸先患病，六月二十一日病逝。陈霸先在位两年，终年 57 岁。

2. 文帝陈蒨（qiàn）

公元 559 年六月二十九日，38 岁的陈蒨登极称帝。陈蒨生于公元 522 年，为武帝陈霸先兄陈道谭长子，母不详。陈蒨自幼仪容秀美，知书达理，有胆有识，沉稳机敏，深受陈霸先喜爱。公元 548 年侯景之乱时，任东宫直阁将军的其父陈道谭，率两千弓弩手驰援台城，中流矢身亡。

侯景之乱平定，陈蒨被任命为吴兴太守。当时，吴兴所辖宣城有强盗纪机、郝仲等聚众千余人，打家劫舍，骚扰百姓。陈蒨到任后即率兵征讨，一举平定。公元 553 年，陈蒨被元帝萧绎任命为信武将军，监南徐州。公元 554 年，陈霸先北征广陵，陈蒨作为前军先锋，作战英勇，每战必胜。公元 555 年，陈蒨辅佐周文育平杜龛、张彪之乱。当时杜龛兵多势大，占据要路。陈蒨命将军刘澄、蒋元举领兵进攻杜龛，杜龛军大败，走投无路，只好请降。东扬州刺史张彪起兵围攻临海太守王怀振，王怀振派人求救，陈蒨与周文育领兵奔袭张彪，张彪兵败被杀。陈蒨因功授为持节、都督会稽等十郡诸军事、宣毅将军、会稽太守。任职会稽期间，陈蒨派兵平定周边各地叛乱，威名大振。

公元 557 年陈霸先称帝建立陈朝，陈蒨被封为临川王，拜侍中，安东将军。当广州刺史萧勃举兵反对陈霸先，周文育、侯安都在沌口战败时，陈武帝诏命陈蒨入都护驾，掌管军队储备和警戒事务。不久，陈蒨奉命率军驻南皖。

公元 559 年武帝陈霸先去世，时太子陈昌正在北周做人质。当时外有强敌压境，内无重臣辅佐，宣皇后与中书舍人蔡景历、大将侯安都等大臣决定秘不发丧，急召身为临川王的陈蒨入宫继位。六月二十九日，陈蒨从南皖回到京城，宣皇后因太子陈昌的缘故不肯下令，群臣亦犹豫不决，时镇西将军、南豫州刺史侯安都按剑上殿，请宣皇后授玉玺于陈蒨，陈蒨在太极前殿即皇帝位。

陈蒨初即位时，南方土著豪强乘机起兵，割据州郡，不奉朝命，严重威胁陈朝对江南的统治。盘踞长沙的王琳乘朝局未稳，大举起兵反叛。王琳本为梁元帝任命的湘州刺史，江陵陷落后，他成为长江中游一带萧梁残余势力的盟主，并与北齐相勾结，立梁元帝年仅七岁的孙子萧庄为帝，准备与北齐一同东下进攻建康。北齐刘伯球、慕容子会分别率军为王琳助战，形势十分危急。陈蒨派侯安都等大将率领精兵前往镇压。经过激烈战斗，王琳部队几乎全都被杀，刘伯球、慕容子会被俘，王琳乘乱投奔北齐。陈蒨收复江州、郢州，使江南之地全部归于陈国。

之后，北周军司马贺若敦率军一万，攻袭南陈武陵地区之后，又引军进驻湘州。陈蒨立即派兵前往抵御，经过 4 个多月的激战，彻底击败北周军队，先后平定武陵、天门、南平、义阳、河东、宣都等郡，使北周控制多年的马陵地区重新归属南朝。湘州之战以后，北周见陈国势头正旺，不敢再挑事端。公元 561 年，北周派使至建康与陈议和，答应送还陈安成王陈顼；陈国则将黔中及鲁山郡让给北周，两国暂时和平相处。

陈蒨对外采取"和为贵"的政策，对内则实行"坚决打击"的方针，先后平定了临川周迪、豫章熊昙朗、东阳留异、建安陈宝应等反叛势力，并威服广州刺史欧阳頠、桂州刺史淳于亮，逐渐铲除了国内各种不安定因素，稳定了陈朝初期动荡不堪的局势。

在讨平各地反叛势力的同时，陈蒨与侯安都之间的矛盾逐渐公开。侯安都在陈霸先手下就功勋卓著，尔后仗剑拥立陈蒨，因功骄横跋扈，家宅私藏庇护罪犯，威胁朝政皇权。后来，中书舍人蔡景历告侯安都谋反，陈蒨也不论真假，下令逮捕并赐死侯安都。

文帝陈蒨在位时期，勤于政事，守疆开土，平定南梁多次叛乱，驱逐北周入侵之敌，消灭南川、闽中割据势力，安定陈朝局势；励精图治，整顿吏治，注重农桑，兴修水利，颁布禁奢丽诏、种麦诏等节俭、促农诏令；侯景乱梁，江南生产遭受严重破坏，商品交换滞涩，陈朝境内铁钱久废不行，公元 564 年陈蒨铸五铢钱，鼓励商品流通，使江南经济得到恢复。陈蒨发迹于艰难之中，了解百姓疾苦；长期国事军事锻炼，善辨真假，不容臣下奸巧，使得臣属自勉自励，政治清明，百姓富裕，国势相对以前更加强盛。公元 566 年四月，陈蒨患病，当月二十七日去世。陈蒨在位 8 年，终年 45 岁。

3. 废帝陈伯宗

陈蒨去世，13 岁太子陈伯宗即皇帝位，其叔父陈顼总揽朝政。陈伯宗生于公元 554 年五月，为文帝陈蒨嫡长子，母亲沈妙容。陈伯宗自幼智商平常，学识一般。公元 558 年二月，陈伯宗 5 岁时被父亲陈蒨立为临川王世子。公元 559 年陈蒨即位后，于同年八月立陈伯宗为皇太子。文帝陈蒨临终前，担心柔弱太子难以稳坐皇位，同三国刘备临终一样试探弟陈顼态度，陈顼流泪叩拜，表示一心辅佐陈伯宗。陈蒨便下诏陈顼为司空、尚书令，孙奂为太子詹事，与中书舍人刘师知、尚书仆射到仲举四人共同辅佐陈伯宗。

公元566年四月，陈蒨病逝，陈伯宗即皇帝位，封叔父安成王陈顼为司徒、录尚书、都督中外诸军事。至第二年正月，诸位辅政大臣之间的权力之争已经迅速激化。刘师知、到仲举常住宫中，参与朝廷一切事务决策。安成王陈顼不甘示弱，直接带300多人进驻尚书省。公元568年，陈顼被晋封为太傅、领司徒，并享受佩剑上朝、入朝不拜等特殊待遇，国家大事几乎尽由陈顼决定。刘师知见陈顼权势日隆，心生忌恨，便与尚书仆射到仲举密谋赶陈顼出尚书省，不料事泄被陈顼当即派人将刘师知等押进大牢，并于当晚赐死。荆州刺史华皎联合北周、后梁起兵勤王，被陈将吴明彻击败。此时，陈伯宗已经成为傀儡皇帝。公元568年十一月，陈顼以太皇太后名义发布诏令，废黜陈伯宗为临海王。公元570年四月，陈伯宗突然去世。陈伯宗在位3年，终年17岁。

4. 宣帝陈顼

公元569年一月四日，陈顼以太皇太后诏废黜陈伯宗自立为皇帝。陈顼出生于公元530年七月，为武帝陈霸先弟陈道谭次子、文帝陈蒨弟，母亲不详。陈顼少年时富于才略，宽厚大度。成年后容貌俊美，勇力过人，擅长骑射。武帝陈霸先平定侯景之乱时，陈顼镇守京口。后经多次升迁，升为直阁将军、中书侍郎。

公元 554 年，江陵被西魏攻破，元帝萧绎被杀，陈顼、陈昌被掳至长安扣为人质。后北周代西魏，陈顼与陈昌复被北周作为人质继续扣留。公元 557 年，陈霸先称帝建立南陈，遥封陈顼为始兴王；公元 559 年，陈蒨继位后，改封陈顼为安成王。直到公元 562 年，北周眼见陈国势头正强，不想再挑事端，于是与陈议和。文帝陈蒨割让黔中及鲁山郡给北周，北周将陈顼放回。

陈顼回国，文帝陈蒨见其备受磨难，便特别关爱。陈顼刚回国被封为侍中、中书监、中卫将军等职；不久又加封为使节、都督扬、南徐、东扬、南豫、北江五州诸军事、扬州刺史，进号骠骑将军；公元 563 年，加官开府仪同三司；公元 565 年迁任司空；公元 566 年，总领尚书职，都督中外诸军事。陈蒨去世前，任命陈顼为托孤大臣，让其与中书舍人刘师知、尚书仆射到仲举等共同辅佐陈伯宗。陈顼以权势计谋诛刘师知、到仲举、尚书左丞王暹、右卫将军韩子高等重臣，尽揽国家军政大权。公元 568 年正月，皇帝陈伯宗加封陈顼为太傅，兼司徒，给予佩剑着履上殿等特别礼遇。同年十一月二十三日，陈顼以陈伯宗个性软弱、难当大任为由发动政变，以陈霸先皇后、太皇太后章要儿名义下诏，废黜陈伯宗。次年正月，陈顼自立为帝，改年号太建。

陈顼即位后，见盘踞广州的欧阳纥势力强大，恐日后生变，便召欧阳纥入朝为官，欧阳纥举兵反叛。陈顼派中书侍郎持节前去安抚，欧阳纥并不理睬，于是派章昭率军讨伐。欧阳纥联合阳春太守冯仆一起反叛朝廷，冯仆母亲冼夫人发兵拒绝欧阳纥叛军入境，并亲自率领部落酋长迎接朝廷命将章昭。由此，叛军很快被击溃，欧阳纥被斩首。

叛乱平息后，陈顼专心内政，大兴水利，开垦荒地，鼓励农民生产，减轻租赋，使南陈社会经济得到恢复发展。在南陈国力增强的同时，北齐国力逐渐衰弱，陈顼趁机谋北齐。公元573年三月，陈顼命吴明彻都督征讨诸军事，并诏加侍中，与裴忌领兵十万北击北齐。吴明彻攻秦郡（今南京六合），都督黄法氍攻历阳（今安徽和县）。四月，黄法氍部将复广达于大岘（今安徽含山东北）击破北齐军，吴明彻部将程文季率敢死队进围秦州，北齐军大败，斩获颇丰。五月，黄法氍攻克历阳，尽杀守城士兵后进军合肥，合肥望旗请降。接着，吴明彻又率大军攻克仁州、峡石，进攻寿阳。齐朝急忙调马陵王王琳与扬州刺史王贵显增援寿阳。吴明彻乘王琳等人刚到寿阳军心未稳，率兵连夜攻城，半夜时分攻破寿阳外城，齐兵退守内城。十月，吴明彻在肥水筑坝，引水灌城，使北齐官兵生病腹泻，手足肿烂，吴明彻率军一鼓作气攻下寿阳。

平定寿阳，仅以划淮河自守为目的的陈顼，得胜即撤兵回国，失去攻灭衰落北齐的大好时机。之后北周宇文邕抓住战机，于公元 577 年攻灭北齐统一北方。时陈顼醒悟，随即派吴明彻举兵北伐北周。吴明彻率军在北周吕梁（今江苏徐州东南）大败徐州总管梁士彦，继而围攻彭城，梁士彦退兵守城，吴明彻久攻不下。不久，北周大将王轨率兵以铁锁串连车轮沉入清水，封锁航道，阻断陈军退路，陈军将士在北周围攻下败退，吴明彻被俘。这次北伐致使陈朝精锐部队耗尽，淮南之地全部丢失。

此后，陈顼虽励精图治，但终因陈朝元气已伤，不能再与北周相抗衡。后来由于北周武帝宇文邕病逝，新皇帝只顾玩乐，南陈方得十余年残喘时机。公元 582 年正月，陈顼患病，当月初十去世。陈顼在位 15 年，终年 53 岁。

5. 后主陈叔宝

公元 582 年一月十四日，30 岁太子陈叔宝登极称帝。陈叔宝生于公元 553 年十一月，为宣帝陈顼嫡长子，母亲柳敬言。

陈叔宝出生时，陈霸先已经掌握南梁实权。后元帝萧绎为牵制陈霸先，将其子侄宗亲俱迁江陵，陈顼及妻妾亦在其中。次年，西魏南侵攻陷江陵，陈顼被魏军掳至长安，陈叔宝与母亲柳氏作为人质，被扣留穰城（今河南省邓县）。公元 557 年十月，陈霸先代梁建陈，后文帝陈蒨即位，于公元 562 年割让土地换回陈顼、陈叔宝等人。陈顼归国受封为安成王，陈叔宝遂为安成王世子，这一年，陈叔宝 10 岁。

陈顼自北朝南归后，逐渐掌握朝中大权。公元 566 年，14 岁的陈叔宝官授宁远将军；公元 567 年担任太子中庶子，不久升任侍中。陈顼政变夺权，公元 569 年正月立陈叔宝为皇太子。公元 577 年十二月陈叔宝入主东宫，师从周弘正学习《论语》《孝经》等儒家经典。陈叔宝喜爱文艺，大量文士成为东宫僚属。公元 582 年宣帝陈顼病逝，身为太子的陈叔宝在登极之前，险失性命于二弟陈叔陵刀下。

陈叔陵为宣帝陈顼次子、陈叔宝弟。公元 569 年，陈叔陵受封为始兴王，授使持节，都督江、郢、晋三州诸军事。当时陈叔陵 16 岁，已经政由己出，实为奇才。陈叔陵因此恃才傲物，地方任职期间奴役官员，滥用民力，掘墓盗宝，赏玩尸骨，恶行累累。因陈叔陵十分残暴，无人敢于揭其劣迹，宣帝陈顼蒙在鼓里，并于公元 577 年再封陈叔陵为扬州刺史，都督扬、徐、东扬、南豫四州军事，陈叔陵更加为所欲为。及至陈顼病重，陈叔陵与太子陈叔宝、长沙王陈叔坚入内服侍。陈叔陵见父病入膏肓，开始谋划杀太子夺位，便命典药吏磨快切草药所用刀具备用。宣帝陈顼病逝第三天，入殓之时陈叔宝伏身柩前痛哭，陈叔陵突举切草药刀砍向陈叔宝。陈叔宝被砍中脖颈，痛昏在地。陈叔宝生母柳皇后上前阻挡，也被陈叔陵连砍几刀。陈叔宝乳母吴氏死抱陈叔陵握刀之手不放，苏醒的陈叔宝拼命跑出灵堂，长沙王陈叔坚闻讯赶来扼住陈叔陵咽喉，方才阻止陈叔陵阴谋。

陈叔陵行刺不成，急忙回府赦免囚犯，重金利诱囚犯抵御禁卫军。陈叔宝急令右卫将军萧摩诃率步骑数百围攻东府。陈叔陵见抢夺帝位无望而性命难保，将宠妃七人沉于深井后，率步骑数百人连夜外逃，被萧摩诃半路追杀，其子及亲信一并被诛。

陈叔宝初即位，由于脖颈刀伤未愈，便交朝政于柳太后和陈叔坚执掌。陈叔坚当初护驾有功，加之大权在握，逐渐变得骄横。陈叔宝不时听闻陈叔坚独断朝政，猜忌之心日重，最终免去陈叔坚官职，转祠部尚书江总任吏部尚书参与朝政。

江总只喜饮酒赋诗，朝廷大权落入右卫将军兼中书通事舍人司马申手中。朝中元老毛喜看不惯司马申作威作福，司马申便日夜离间毛喜，陈叔宝贬毛喜为永嘉刺史。自此，陈朝无人再敢进谏，陈叔宝遂恣意妄为，无所顾忌。陈朝自陈霸先建国以来，一直注重节俭，宫城也比较简陋。为金屋藏娇，陈叔宝大兴土木，以香木建起临春、结绮、望仙三座楼阁，每座楼阁高达数十丈，装饰极尽奢华。之后，陈叔宝整天聚集江总等一批文臣及后妃花天酒地，赋诗高歌。陈叔宝有一宠妃张丽华，有时听臣奏事，陈叔宝也将张丽华揽在怀中，甚至准许张丽华参与议政。张丽华由此援引宗戚，卖官鬻爵，贿赂公行，纵横不法，致使朝廷乌烟瘴气。

陈叔宝醉生梦死，尽情行乐正酣，北方周朝已被隋朝取代。隋在杨坚统治下开始统一天下。南朝沿边州郡飞报隋兵入侵消息，朝廷上下不以为然。及隋军深入，州郡相继告急，后主陈叔宝认为长江天险足可保其永远歌舞升平，依旧与狎臣宠妃奏乐侑酒、赋诗行令、高唱《后庭花》。

公元 588 年春，杨坚令杨广率兵 50 余万大举伐陈。同年十一月，陈朝沿江守军频频告急，但中书舍人施文庆扣压告急文书，轰轰烈烈筹办新年庆典。为使庆典威风热闹，施文庆命前线统帅率战舰入京助兴，致使江防前线空虚，隋军趁机长驱直入。

公元 589 年正月，陈叔宝在朝中大会群臣，举行盛大新年庆典。隋将韩擒虎渡过采石，贺若统兵过江，直取建康。没过几天，隋军打到钟山。此时，建康尚有 10 余万兵马，若能奋力一战，仍有可能打退隋军进攻。但此时陈叔宝六神无主，委朝中大事于施文庆。国难当头，施文庆担心将领取胜功高盖己，便进谗言诋毁众将，南陈再失战机。待隋军布置完毕，陈叔宝突然命骠骑将军萧摩诃率军迎战。萧摩诃率兵出城，与隋军对峙，很快战败被俘。不久隋军奔袭朱雀门，拿下建康城。在位 8 年的陈叔宝与张贵妃、孔贵妃躲到景阳殿后的枯井之中，后被隋军发现，拽出枯井送往长安，南陈灭亡。隋文帝杨坚见陈叔宝昏庸无能，胸无大志，只图享乐，即赐给住宅，命其居住长安，后迁往洛阳。在投降隋朝 16 年后的公元 604 年十一月，陈叔宝病逝，终年 52 岁。

北朝概述

北朝（386年—581年）指继五胡十六国之后，存在于中国北方并与南方各王朝对峙的五个朝代的总称，包括北魏、东魏、西魏、北齐和北周。

公元386年，拓跋什翼犍孙拓跋珪继称代王，制定典章，重建国家，不久改国号为魏，史称北魏，拓跋珪即太祖道武帝。拓跋珪立屯田，扫强敌，平内乱，立台省，置刺史，用汉人，尽灭周边对手而拥有黄河之北。公元409年十月，拓跋珪被次子拓跋绍刺杀。接着，拓跋珪长子拓跋嗣诛杀拓跋绍即皇帝位，史称明元帝。拓跋嗣劝课农桑，调减民租，打击豪强，整肃政治，巩固壮大了北魏实力。公元423年明元帝去世，太子拓跋焘继位，史称太武帝。拓跋焘雄才大略，在稳定国内的同时，于公元426年灭掉大夏；公元429年大破柔然，解除了柔然长期以来对北魏边境的威胁；公元436年灭掉北燕；公元439年灭掉北凉，统一北中国。随后，北魏与刘宋于公元 450 年爆发大战，最终双方议和，魏军北撤。拓跋焘北归以后，于公元 452 年被中常侍宗爱弑杀，拓跋余被立为帝，随后宗爱又杀死拓跋余，源贺等诛杀宗爱，立皇孙拓跋濬为帝，史称文成帝。文成帝在位期间，采取与民休息政策，逐步缓和了国内矛盾，与南方的刘宋时战时和。公元 465 年文成帝去世，年仅 12 岁的皇太子拓跋弘继位，史称献文帝，由冯太后临朝称制。公元 471 年，年仅 19 岁的献文帝被迫将皇位禅让给 5 岁儿子拓跋宏，即孝文帝，拓跋弘则自称太上皇，专修长生之术。献文帝禅让以后，大权旁落，冯太后于公元 476 年将其毒杀。孝文帝亲政以后，决心大规模实行汉化，并于公元 493 年迁都洛阳。公元 499 年，北魏孝文帝拓跋宏在南征齐国返回途中去世，皇太子元恪继位，史称宣武帝。宣武帝元恪于公元 515 年去世，5 岁的太子元诩继位，史称孝明帝。元诩生母胡太后临朝称制，公元 528 年胡太后鸩杀其子元诩，下诏立 3 岁元钊为帝，使政局更加动荡，内忧外患蜂起。公元 523 年，北方沃野镇破六韩拔陵聚众造反，一时间北方六镇纷纷起事，后被契胡尔朱荣镇压。公元 528 年，尔朱荣借口诛胡太后进军洛阳，发动河阴之变，杀死胡太后，屠戮元氏皇族，立元子攸为帝。而此时的北方混乱不堪，公元 530 年，尔朱荣被孝庄帝元子攸设计诛杀以后，尔朱荣堂弟尔朱世隆、堂侄尔朱兆率军攻进洛阳，杀死孝庄帝，相继立长广王元晔、广陵王元恭为帝；而在镇压六镇起义中壮大的高欢，又在信都立安定王元朗为帝。公元531年，高欢率军攻入洛阳，诛杀尔朱氏，又废黜了节闵帝和安定王，另立平阳王元修为帝，史称孝武帝。当时，高欢盘踞晋阳遥控朝廷，孝武帝元修不甘做傀儡，即联络大将贺拔岳、宇文泰进攻晋阳。高欢先发制人，将计就计，率军南下，于公元534年攻入洛阳，元修西逃长安，高欢另立元善见为帝，并迁都邺城，史称东魏。元修逃到长安以后，不久被宇文泰毒死。公元535年初，宇文泰立南阳王元宝炬为帝，史称西魏。自此，北魏灭亡。

这时，北魏故地形成东西魏对峙的局面，而双方都试图吃掉对方，公元536年底，东魏高欢兵分三路大举讨伐西魏。第二年东魏军遭到沙苑惨败，西魏趁机夺取东魏河南之地。在随后的数年里，双方又进行了数次大规模战争。公元547年，高欢因玉璧之战无功而病，不久去世，长子高澄继续执掌东魏大权。此后，东西魏之间为争夺河南之地进行了长社之战，此战以东魏取胜而告终。长社之战结束后，东西魏发现梁朝国内大乱，便争相南下，夺取梁朝之地。驻守益州的萧纪自立为帝后，在公元553年被西魏击败，西魏夺取了益州；原驻防襄阳的萧詧投靠西魏，引西魏军进攻江陵的梁元帝萧绎，公元554年萧绎被杀，西魏扶持萧詧建立起傀儡政权后梁，萧詧被称为后梁宣帝。东西魏建立以来，大权一直分别掌握在权臣高氏家族和宇文氏家族手中，东西魏皇帝全为傀儡皇帝。东魏孝静帝在位 16 年，公元 550 年被高欢次子高洋取代建立了齐国，史称北齐。

北齐文宣帝高洋在位之初，有效地抗击了来自西魏、柔然的进攻，并将国境向南拓展到长江北岸。高洋于公元 559 年去世，高殷继位后，被鲜卑贵族废黜，高澄六弟高演被立为帝，史称孝昭帝。高演在位一年去世，遗诏传位给九弟高湛，公元 561 年高湛继位，史称武成帝。从第一位皇帝高洋开始，北齐的皇帝都非常残暴，荒淫嗜酒，至武成帝高湛，其皇后胡氏更是十分淫乱。高湛在位五年后，将皇位传给高纬，自己则当上了太上皇，高纬即北齐后主。公元 568 年高湛病逝，胡太后更是肆无忌惮地操纵北齐大权，公元 571 年，高纬将胡太后幽禁。公元 577 年，北周武帝宇文邕亲率大军攻克北齐都城邺城，消灭了北齐，将自北魏分裂 45 年来北中国再次合二为一。

公元 556 年，西魏太师宇文泰去世。同年十二月，宇文泰侄宇文护逼迫西魏恭帝拓跋廓，将帝位禅让给宇文泰世子宇文觉，宇文觉即为北周的第一位皇帝，史称孝闵帝。孝闵帝登基数月后，企图诛杀专权跋扈的宇文护，反被宇文护废黜。宇文护另立宇文觉长兄宇文毓为帝，史称北周明帝。意欲长期独揽大权的宇文护，发现宇文毓有确立皇权的倾向和能力以后，即命亲信在宇文毓食物中放毒，致宇文毓于公元 560 年去世，宇文护又立宇文毓四弟宇文邕为帝，史称北周武帝。宇文护独揽北周大权十余年，威震朝野。宇文邕继位后，表面顺承宇文护 13 年以后，于公元 572 年一举诛杀宇文护。乾纲独断的武帝宇文邕，立即投入消灭北齐的战争之中。公元 575 年，北周武帝宇文邕调集 18 万大军对北齐发动了第一次大规模进攻。第二年，宇文邕亲率 15 万大军杀向晋阳，并于公元 577 年攻克北齐首都邺城消灭北齐，统一了北中国。接着，宇文邕攻击南朝陈，夺取陈朝淮南之地，将国境推至长江北岸。就在此时，宇文邕因病去世，长子宇文赟继位，史称北周宣帝。酗酒荒淫、昏庸无道的宇文赟去世以后，朝臣拥立其子宇文阐为帝，北周大权落入外戚杨坚手中。公元581 年，杨坚在消灭异己势力之后，夺取北周政权，建立隋朝，存续 25 年的北周政权灭亡。

北朝自北魏太武帝拓跋焘于公元 439 年灭北凉统一北方、结束从西晋八王之乱开始 148 年的中原混战局面，至公元 581 年北周大丞相杨坚受禅代周称帝改国号隋，共142 年。其后，隋唐两朝开国皇帝的祖先均为北朝名贵，两朝军事和政治制度，大都沿袭北朝而创新发展。可以说，北朝为隋唐盛世奠定了基础。

北魏统一北方后，一度重用汉人世族，借鉴南方汉人统治经验，生产关系得到相应调整，生产有了明显发展。特别是北魏孝文帝改革后，自耕农民显著增加，农业、手工业有显著发展，北魏中后期，百姓衣食略有保障。手工业方面，北魏后期炼钢技术有新成就，相州牵口（今安阳）冶制的钢刀锐利有名。商业也逐渐活跃起来，恢复货币流通，公元 495 年重铸太和五铢钱，规定全国通行，洛阳、平城、邺、长安成为国际性商业较大城市。北齐继续推行均田制，农业、盐铁业、瓷器制造业都比较发达，还出台"限仲冬一月燎原，不得他时行火"的"禁烧"令，以保护草原植被。北周宇文泰积极劝课农桑，奖励耕植，让失地流民重获土地。宇文泰还明确规定地方官吏必须按农时督促百姓就田，务必不失农时，一度出现仓廪充实的局面。

从北魏孝文帝实行汉化政策，到北齐立文林馆招纳诗赋之士，北朝文坛渐有生气。早期名为北地三才的温子昇、邢邵和魏收，作品几乎尽仿南朝轻艳体，成就无几。自庾信、王褒由南入北，北朝文学进入新阶段。庾信入北后的代表诗作有《拟咏怀》20 余首及《哀江南赋》，形成一种全新的风格；王褒融合南北诗风，将生存环境的转换和心理落差的扩大表现得真实深刻，《渡河北》《关山篇》《从军行》等，皆脱六朝脂粉气。在骈文风靡的时代，北朝《颜氏家训》《水经注》《洛阳伽蓝记》别开生面，均为北朝散文名著。郦道元依水道流程为《水经》作注，以赞叹之情、精美之笔记叙沿途地貌、风俗、传说、谣谚，在成就地理学巨著的同时，又赋予独特的学术价值和文学价值。杨衒之《洛阳伽蓝记》描写寺庙涉及人物史事，写寺状塔紧扣特征，给人深刻印象。北朝乐府民歌内容丰富，爱情诗歌热情奔放，《敕勒歌》视野开阔，吐辞刚健。长篇叙事诗《木兰诗》为很有传奇色彩的叙事作品，成为古代民歌中的瑰宝。

北魏、西魏、北周设著作官修史，北齐设史馆为专门修史机构，对日后中国官方修史制度影响较大。北齐魏收的《魏书》入《二十四史》；北魏崔鸿《十六国春秋》记载北方各少数民族政权兴亡的历史，都是很有价值的史学著作。

北朝石窟雕像艺术成就最高，著名的有云冈石窟、龙门石窟、敦煌莫高窟、麦积山石窟、天龙山石窟等。成千上万的石窟佛像容貌丰满，神态慈祥，面目传神，件件都是绝佳艺术品。北朝碑刻即魏碑书法，魄力雄浑，气象浑穆，体态多变，著名的有《龙门二十品》《张猛龙帖》《郑文公碑》《石门铭》等。

郦道元经过实地考察，以《水经》为蓝本完成的《水经注》，以水道为纲，详细记述了所经地区山岳、丘陂、关塞亭障、城邑兴废沿革，为我国最为全面系统的综合性地理著作。北魏贾思勰的《齐民要术》整理古书中的记载，采集民间歌谣谚语，汲取农民生产经验，总结农、林、牧、副、渔生产，以及农产品加工等方面的技术，为我国现存最早的一部完整的综合性农业百科全书，在中国和世界农学史上都具有重要地位。

一、北魏

（386 年—534 年）

　　鲜卑贵族拓跋珪，于公元 386 年一月建立了北魏。至公元 534 年北魏分裂为东魏、西魏，共历 149 年，传 15 帝。北魏初都平城（今山西大同），公元 493 年，孝文帝拓跋宏迁都洛阳，改姓元。北魏疆域曾北至大漠，西至今新疆东部，东北至辽河，南至江淮。

　　以游牧为主的鲜卑族拓跋部，原居住于今黑龙江、嫩江流域大兴安岭附近。东汉以前，北匈奴被打败西迁后，拓跋部逐步向西迁移，进入原来北匈奴驻地，即漠北地区。至拓跋力微时期，拓跋部南下游牧于云中（今内蒙古托克托）一带，后迁居盛乐（今内蒙古和林格尔），与曹魏、西晋相往来。此时的拓跋部，仍处于氏族部落联盟阶段。公元 315 年，拓跋力微孙拓跋猗卢帮助西晋并州刺史刘琨对抗匈奴刘聪、羯族石勒有功，被西晋封为代公，进而封为代王。公元 338 年，拓跋什翼犍建立代国，都盛乐，并逐渐强大起来。

公元 376 年，前秦天王苻坚攻代，拓跋什翼犍战败，不久被其子拓跋寔君所杀，代国灭亡。在代国被前秦消灭之际，拓跋什翼犍孙拓跋珪，与母亲一同逃到其母出生的贺兰部，进而寄身于刘库仁麾下。当时在前秦的统治下，刘库仁控制着原代国的东部。公元 384 年十月刘库仁去世，爆发了围绕着继承人的斗争。于是，拓跋珪再一次逃回贺兰部。前秦在淝水之战中败北，北方诸民族纷纷独立。这一浪潮也波及长城一带。寄身于贺兰部的拓跋珪于公元 386 年一月，受贺兰等部推戴，于牛川（今内蒙古自治区兴和县）即代王位，建元登国，进而于四月改称魏王，标志着北魏建国。

拓跋珪即位初，曾受到鄂尔多斯的刘卫辰，以及刘库仁之后刘显等势力的压制，其领土被压缩在以盛乐为中心的狭小范围内。公元 387 年七月，拓跋珪与后燕联手打败刘显。公元 391 年十二月，拓跋珪消灭了统治原代国西部的刘卫辰势力。在此前后，拓跋珪还攻打了高车以及柔然、库莫奚等势力，将鄂尔多斯至蒙古间的大部分地区纳入自己统治之下。公元 395 年十一月，北魏在参合陂（今内蒙古自治区凉城县）迎击前来进犯的后燕，并取得胜利。北魏以此为基础，打通了逐鹿华北的道路。公元

396 年六月，北魏从后燕获得广宁（今河北省涿鹿县）、上谷（今河北省怀来县），九月占领了并州（今山西省太原、大同一带），在东方攻入了后燕的根据地，获得了常山（今河北省石家庄市）。由此，除中山（今河北省定州市）、信都（今河北省冀州市）、邺（今河北省临漳县）以外，常山以东的大片地区归于北魏。此后，北魏于公元 397 年一月获得信都，同年十月获得中山，随即在公元 398 年一月占领邺。于是，除辽西、辽东、山东以外，北魏基本上占领了原本属于后燕的领土，成为中原的统治者。

公元 398 年七月，拓跋珪迁都平城（今山西省大同市），十二月正式即皇帝位，其后被谥为道武帝。在攻打后燕、占据中原的过程中，北魏从后燕政权中获得了大量颇具政治眼光的汉族士人，其中包括崔宏、邓渊、董谧等，这些汉人在北魏国家组织与分配体制建设中，都做出了重大贡献。

公元 409 年十月，道武帝拓跋珪被次子拓跋绍杀害，其长子拓跋嗣在杀死拓跋绍后登上皇位，即明元帝。明元帝拓跋嗣果断对北方的高车、柔然等势力发动攻势。这时，北魏的东方有北燕、南燕，西方有后秦、夏，南方有东晋。公元 410 年，东晋刘裕灭南燕。公元 417 年，刘裕又灭后秦。于是，北魏与东晋的对立关系凸显出来。公元 422 年，拓跋嗣乘宋武帝刘裕病逝之机，凭借强大军力沿黄河流域全面开战，夺取黄河以南的虎牢（今荥阳西北）、洛阳、滑台（今滑县东）等军事重镇。

公元 423 年十一月，明元帝拓跋嗣病逝，其长子拓跋焘即位，即太武帝。时华北有夏、西秦、北凉、北燕。拓跋焘积极联络这些国家，以及外围的高句丽、吐谷浑等势力，并频繁地与继东晋之后建立的南朝宋展开外交往来。公元 424 年八月，柔然可汗大檀乘北魏明元帝拓跋嗣去世，率 6 万骑攻入北魏云中（今和林格尔西北），攻陷北魏故都盛乐，包围了云中城。拓跋焘力排众议，亲自率 2 万骑兵急赴云中救援。柔然依仗人多，将赶来救援的拓跋焘及所部包围达五十余重。不到 16 岁的少年皇帝拓跋焘沉着指挥，穿插击破，大败柔然军队。次年十月，拓跋焘大举征讨柔然，柔然惊骇北逃。公元 429 年五月，拓跋焘抓住柔然夏则散众放牧之机，领军至漠南（今蒙古高原大沙漠以南地区），率轻骑兼马（每一骑兼有副马）奔袭，直逼栗水（今翁金河）。柔然无备，临战震怖，柔然可汗大檀焚毁穹庐，绝迹西遁，长期以来柔然严重威胁北魏的局势从此扭转。

公元 427 年六月，拓跋焘亲率十万军队攻陷夏国统万城，控制了从鄂尔多斯通往河西的交通线。此后夏灭西秦，随即夏被吐谷浑消灭。至此，华北仅残存着北燕、北凉。公元 436 年三月，拓跋焘派遣精骑进攻并灭亡北燕；

公元439年九月，拓跋焘亲率大军攻灭北凉。至此，北魏结束了北方长达一百五十年的分裂局面，在北方建立起统一的政权。

拓跋焘去世，文成帝拓跋濬、献文帝拓跋弘、孝文帝拓跋宏相继登基。孝文帝拓跋宏即位后，为缓和阶级矛盾，限制地方豪强势力，在冯太后的辅佐下，实施了诸如实行俸禄制、均田制、三长制等大范围的改革，极大地促进了北魏经济社会的发展，促进了民族大融合。公元490年冯太后去世，亲政后的孝文帝拓跋宏从平城迁都洛阳，依魏晋及南朝制度改定官制，通过禁北语说汉话、禁胡服穿汉衣、改姓氏同汉姓等前所未有的汉化改革，拓跋宏自己也改名为元宏。元宏在位29年，于公元499年四月病逝，17岁太子元恪继位。17年后，元恪传位于6岁儿子元诩。

孝文帝变法改革之后，进一步加速了民族融合，加强了与汉族地主的合作，推动了社会经济发展，但遭到部分拓跋贵族的强烈反对。公元496年，部分贵族伙同太子拓跋恂，企图逃回平城发动叛乱，孝文帝果断处死太子。同年冬，旧贵族在平城发动兵变，孝文帝派大军平定。然而，随着安逸日久和统治者的加速腐化，北魏吏治更加败坏。高阳王元雍，住宅园囿豪华赛过皇宫，所用童仆多达六千，妓女五百，一餐花费数万；吏部尚书元晖卖官鬻职明码标价，时称吏部为卖官市场，称官吏为白昼劫贼。地方州郡刺史、太守争相聚敛，征收租调改用长尺、大斗、重秤；繁重兵役徭役使大批农民破产，各地豪强纷纷聚集流民发动叛乱。加之北魏初年曾为阻止柔然南下，在平城以北由西向东依次设置的沃野镇、怀朔镇、武川镇、抚冥镇、柔玄镇、怀荒镇六个军事重镇官兵自感冷落而群起，于公元 523 年爆发了著名的六镇起义。边镇豪强集团利用当时的混乱局面发展势力，肆州秀容（山西朔州）契胡酋长尔朱荣，成为势力发展最快的豪强之一。

公元 528 年，孝明帝元诩母胡太后为长期控制政局，毒死亲生子元诩，另立 3 岁元钊做皇帝。驻扎晋阳的柱国大将军尔朱荣，举为孝明帝报仇的旗号率大军南下，并勾结彭城王元勰子、当时很有声望的长乐王元子攸里应外合，并在河阳（今焦作孟州）立元子攸为皇帝。随后，尔朱荣率大军从孟津渡过黄河直逼洛阳。胡太后急忙调集大军与尔朱荣决战，被尔朱荣打败，京城洛阳沦陷。尔朱荣胁迫胡太后、幼帝元钊退出洛阳来到河阴（黄河南岸），尔朱荣下令将胡太后和元钊投入黄河之中。接着尔朱荣以祭天为名，邀元子攸带领朝中百官到河阴之陶渚（今孟津东），尔朱荣下令将文武百官两千余人全部杀害，制造了骇人听闻的河阴之变。

尔朱荣意欲称帝的阴谋并未得逞，遂派人将元子攸送到洛阳，自己远据晋阳遥控指挥。孝庄帝元子攸虽然在尔朱荣扶持下做了皇帝，但眼见尔朱荣惨无人性，自己也不甘心做傀儡，便一心要铲除尔朱荣，重振北魏皇权。公元530年，孝庄帝下诏让尔朱荣进京，趁机将尔朱荣手刃在明光殿。尔朱荣堂弟尔朱世隆与侄尔朱兆得知消息，合力调兵攻打洛阳。尔朱兆攻入城中将孝庄帝押到晋阳杀害。之后尔朱兆回到晋阳，派尔朱世隆留守洛阳。尔朱世隆在洛阳城无恶不作，激起人们愤恨。晋州刺史高欢于公元531年乘机攻占洛阳，并于公元533年进兵晋阳，消灭尔朱氏势力，控制了朝政。此后北魏内乱不止，先后有元晔、元恭、元朗三位傀儡皇帝走马灯般登位。公元532年，高欢立元修为帝，即孝武帝。元修无法容忍高欢趾高气扬掌握实权，于公元534年奔长安投宇文泰。高欢另立元善见为皇帝，即孝静帝，并迁都于邺（今河南安阳北至河北临漳南），并大拆洛阳宫殿，致使300多年的锦绣帝都洛阳成为一片废墟。至此，北魏分裂为由高欢控制的东魏和宇文泰掌控的西魏，北魏亡。

北魏道武帝拓跋珪建国时，拓跋部正处于原始公社组织继续解体、奴隶制极不成熟的阶段。拓跋珪解散部落组织，使鲜卑部民分土定居，由氏族组织转变为地域组织，从游牧经济转向农业经济。公元396年，拓跋珪始建台省，置百官，封拜公侯将军；中央官尚书郎以下和地方官刺史、太守以下一般都任用儒生。公元406年下令诸州置三刺史，郡置三太守，县置三令长，其中一人为拓跋宗室，其余为非宗室的鲜卑人或汉人。北魏政府面对汉族地区宗族强盛、坞堡甚多的局面，依靠汉族宗族主作为统治支柱，建立了宗主督护制，由各地宗主来督护地方。后地方基层行政组织实行三长制，即五家立一邻长，五邻立一里长，五里立一党长。三长负责检查户口，管理农民，征发租调力役。

北魏孝文帝为缓和阶级矛盾，限制地方豪强势力，加强中央集权，使鲜卑贵族进一步封建化，并与汉族地主紧密结合，更有效地统治各族人民，进行了一系列改革：公元472年，规定官员任职期间政绩优良者满一年升迁一级，治绩不良者受处罚或降级。公元475年为改变州、郡、县争收租调的混乱局面，确定只能由县一级征收。公元484年颁布俸禄制，申明俸禄以外贪赃满一匹绢布者处死；次年在颁行的均田令中，规定地方守宰授公田为俸禄，即刺史十五顷，太守十顷，治中、别驾八顷，县令、郡丞六顷，离职时移交下任，不得转卖。

在北魏王朝一个半世纪的发展过程中，社会生产力逐步得到恢复和发展，中国北方自公元310年西晋永嘉之乱以后，经过十六国时期的战争破坏，百姓死于兵革、亡于饥馑者大半，中原地区一片凋敝。北魏统一北方，生产关系得到调整，特别是孝文帝改革后，自耕农显著增加，至孝明帝元诩时，全国户数已达五百多万，比西晋太康年间增加一倍多。农业、手工业都有显著发展。农业方面，北魏初年在代北曾推行计口授田制，公元485年颁布均田令，规定男子年十五以上受只许种谷物的露田四十亩，妇人二十亩。为了轮种，露田还可以加倍或加两倍授给。男子每人给桑田二十亩，作为世业，终身不还。桑田必须按规定种一定数量的桑、榆、枣树。奴婢受田与良人相同。耕牛一头受田三十亩，限四牛。土广民稀地带，任力耕垦，不受限制，北魏后期百姓衣食粗得保障。北魏的畜牧业原本就很发达，孝文帝时期，又在河南设牧场，养战马十万匹。手工业也有所进步，绢布产量增加，绢价下降。榨油、酿酒、造纸、煮盐、冶铁等工艺技术也有进步。

北魏后期，商业也得到一定发展。大城市有洛阳、邺和长安。洛阳既是北方政治中心，又是贸易中心。洛阳西阳门外有大市，周围八里。当时经商除列肆商贩和大商人外，许多贵族、官僚也从事经商。北方贵族多喜欢"南货"，官府于南境立互市与南朝贸易。随着商业的发展，货币恢复流通，公元495年重铸"太和五铢"钱，规定在京师及全国诸州镇通行。西域、中亚、朝鲜、日本商人也到北魏进行贸易。公元455年，波斯萨珊王朝遣使来华，此后信使往来不断。通过友好往来和经商互通，大秦等国的石棉布、水银、琉璃、药材和汗血马等输入中国；中国的丝绸、铜器等输出大秦、波斯等国。

北魏兵民各有分工，兵用于打仗，民从事耕桑。而兵主要由鲜卑及其他少数民族组成，汉人主要从事农业。兵民之分即胡汉之分，是胡汉分治的体现。

文学方面，北魏民歌充分体现了北方民族大融合的特征，风格刚健，语言质朴，感情真挚。《敕勒歌》《折杨柳歌》《木兰诗》为当时民歌的代表。杨衒之的《洛阳伽蓝记》，既是一部地理名著，又是一部文学作品，同时又是一部佛教著述，提供了北魏迁都洛阳 40 年间的佛教史料。《水经注》从文学角度看，也不愧为一本文字优美的游记。

科学技术方面，北魏末年贾思勰所著《齐民要术》，是中国现存最古、最完整的农书，包括农艺、园艺、林木、畜牧、养鱼和农产品加工等许多方面，对西周以来古代农业、手工业等方面取得的知识技术，都作了总结性的叙述。魏末郦道元以《水经》为纲，写成地理名著《水经注》，详尽介绍了中国一千二百五十二条河流，阐明了水道的变迁，疆域的沿革，并以优美的文字记叙了各地的自然风光和民间故事，还记录了矿藏、盐井、温泉、火山等情况，有着重要的史料价值。

集中表现在当时石窟造像中的雕塑，继承了秦汉以来中国的艺术传统，也受到国外，特别是古代印度艺术的影响。摩崖石窟分布西起今甘肃，东至今辽宁，保存至今的著名石窟有大同云冈石窟、河南洛阳龙门石窟、甘肃敦煌石窟，以及甘肃天水的麦积山石窟、永靖的炳灵寺石窟、山西太原的天龙山万佛洞、河南巩县的石窟寺等。这些石窟中古代艺术工匠所塑造的数以万计的佛像，代表当时中国雕塑艺术的最高水平，每一件都是驰名世界的艺术珍品。

1. 道武帝拓跋珪

公元 386 年正月，前代王拓跋什翼犍嫡孙、年仅 15 岁的拓跋珪趁前秦淝水败后北方大乱，在部众拥戴下复立代国，同年四月改代为魏，史称北魏，都盛乐（今内蒙古和林格尔县西北）。公元 398 年，拓跋珪迁都平城，即皇帝位。

拓跋珪生于公元 371 年七月，父亲为十六国时期代国代王拓跋什翼犍次子拓跋寔，母亲贺兰氏。公元 376 年前秦消灭代国时，拓跋珪和母亲贺氏潜往母族贺兰部躲避。前秦天王苻坚灭代国后，要迁六岁的拓跋珪至长安，代国旧臣燕凤以拓跋珪年幼，力劝苻坚留拓跋珪于部中，苻坚准许。时苻坚将原代国领地一分为二，由匈奴独孤部首领刘库仁及刘卫辰分别统领，拓跋珪母贺氏带拓跋珪从贺兰部迁至独孤部。

公元 383 年，苻坚淝水之战惨败，其后国中大乱，曾被前秦统一的各部族纷纷复国，北方重陷分裂。这时独孤部刘库仁助前秦对抗后燕时被杀，其弟刘头眷代领部众。公元 385 年刘库仁子刘显杀刘头眷自立，并谋划要杀拓跋珪。刘显弟妻为拓跋珪姑母，私告贺氏刘显意图。贺氏设宴灌醉刘显，拓跋珪乘夜逃至母族贺兰部。时贺氏弟贺染干忌惮广得人心的拓跋珪，曾试图将其杀害，终因尉古真告密及贺氏出面而失败。拓跋珪少年老成，见识不凡，在贺兰部时励精图治，深得众心，远近争相趋附。后经拓跋珪堂曾祖拓跋纥罗等人力劝，贺兰部首领贺讷愿意推举拓跋珪为主。公元 386 年正月，以贺兰部为首的诸部在牛川（今内蒙古锡拉木林河）召开部落大会，推举拓跋珪为代王，年号登国。拓跋珪命汉人张衮为左长史，许谦为右司马，作为智囊参谋。之后拓跋珪迁都盛乐，占有河套以东广大草原地区。公元 386 年四月，拓跋珪改代为魏，史称北魏。

拓跋珪建魏后，四周强敌环伺。北边有贺兰部，南边有独孤部，东边有库莫奚部，西边河套一带有铁弗部，阴山以北有柔然部和高车部，太行山两边有后燕与西燕。为稳定政权，积蓄实力，拓跋珪巧妙利用后燕与西燕之间的矛盾，两边交好，从中取利。

就在拓跋珪专心经营内政时，叔父拓跋窟咄勾结刘显发动叛乱。拓跋珪被迫越过阴山，并派人向后燕求援。而此时，拓跋窟咄也联络贺兰部染干夹击拓跋珪，情况十分危急。少年拓跋珪冷静避开染干，急行军数百里到达桑干河上游地区，同时派人联络慕容垂援军，两军在高柳（今山西阳高县西北）大败拓跋窟咄，一举平息内乱。

为进一步扩展实力，拓跋珪于公元387年打败占据马邑的独孤部刘显和刘卫辰两个部落，占领从五原到固阳塞一带的产粮地区。公元390年，拓跋珪出兵征服占据阴山北麓的贺兰部，第二年又征服占据河套以西的匈奴铁弗部。就这样，拓跋珪用五年时间，消灭了周边几个最强大的对手。随后又兼并了库莫奚、高车、纥突邻等小部落，获得大量土地、人口与牲畜，北魏实力进一步增强。

公元394年，后燕慕容垂灭西燕后，目标对准了华北地区唯一的抗衡对手北魏。公元395年五月，慕容垂派太子慕容宝带8万士兵向北魏平城挺进。两军在黄河两岸对峙10多天，由于后燕国内传闻将军慕容嵩等人企图叛乱，慕容宝仓皇撤兵。拓跋珪抓住机会率精骑抢渡黄河急进军追击，在参合陂大败慕容宝，斩杀燕军四五万，获取无数粮草器械。次年十月，慕容垂亲率大军报仇，一度攻下平城，但拓跋珪避其锋芒，不给慕容垂决战机会。而此时慕容垂身患重病，在引兵回国途中去世。拓跋珪得知慕容垂死讯，亲率 40 万大军长驱直入杀进中原进攻后燕，吞并州，出井陉关。之后，拓跋珪经过一年多的征战，攻破闭城坚守的信都、邺城、中山，占据黄河以北地区。公元 398 年十二月，拓跋珪迁都平城，并改称皇帝。此时的拓跋珪，年仅 28 岁。

此后，拓跋珪与后秦展开争夺战。公元 402 年六月，拓跋珪重重围困后秦柴壁。至十月，粮尽又突围无望的姚兴三弟姚平率部投水自尽，拓跋珪生擒狄伯支等四十多名后秦官员及二万多士兵。柴壁败后，姚兴多次派人请和，拓跋珪不允，并发兵进攻蒲阪，后因柔然汗国攻魏而撤兵。

建魏起始，拓跋珪依照汉人之法设置官吏，大量使用汉族士人参政，将鲜卑部落酋长与部落联盟酋长之间的关系，改变为封建君臣关系。拓跋珪即帝位后，效仿汉族政治体制，促使拓跋部从奴隶制向封建制过渡。为了说服部众，拓跋珪接受汉族士人崔宏建议，宣称黄帝最小儿子昌意受封于北土，为拓跋部祖先。因此，拓跋部都是黄帝后裔，必须追随中原各族走封建化和汉化道路，向汉族学习。同时，拓跋珪营修宫室，建立宗庙。命人标明道里，平定权衡，审计度量，仿汉制完善职官制度。为发展经济，拓跋珪下令发展农业，先在盛乐、河套以北地区屯田，后又在五原到固阳一带的河套平原屯田。拓跋珪规定屯田收益除部分上交国家外，其余按一定比例分给农民，提高了农民种田积极性，促进了拓跋部由畜牧经济向农业经济转化。拓跋珪徙战争中俘获人口到北魏，发放给耕牛农具，按照人口授予田地，增加粮食产量和税收。在发展经济的同时，拓跋珪改兵牧不分的军事制为封建专业军事制，提倡并奖励军功。公元 399 年，拓跋珪始置五经博士，增加国子太学生员三千人，并命郡县大索书籍，汇集平城。拓跋珪崇尚佛、道，在征战中原之际，对和尚、道士秋毫无犯。定都平城之后，专门下诏营建佛寺。公元 404 年，拓跋珪又设王、公、侯、伯四等爵，并置散官五等，后命宗室置宗师，州郡也置师，以辨宗党，举人才。通过这些措施，北魏的政治、经济、军事都得到了迅速发展，成为北方地区最强大的政权。

就军事、政治、经济等成就看，拓跋珪是一位雄才大略、很有作为的开国之君。但到后期，拓跋珪经常服食以朱砂、石英等矿物质制成的寒食散，性情大变，刚愎自用，猜忌多疑，狂躁冷酷，常因想起昔日不悦之事而诛杀大臣，使大臣惶恐度日。公元 407 年之后的两年间，拓跋珪先后诛杀了司空庾岳、北部大人贺狄干兄弟及高邑公莫题父子。公元 409 年十月，皇次子拓跋绍之母贺夫人有过失，被拓跋珪幽禁于宫中，贺氏秘密向拓跋绍求救。同年十月十三日，拓跋绍与宫中守兵及宦官串通，当晚带兵翻墙入宫，弑杀拓跋珪。拓跋珪在位 24 年，终年 39 岁。

2. 明元帝拓跋嗣

公元 409 年十月十七日，拓跋嗣诛杀弑父二弟拓跋绍即皇帝位，是为明元帝。拓跋嗣生于公元 392 年，为北魏道武帝拓跋珪长子，母亲刘贵人。拓跋珪得子较晚，拓跋嗣出生，拓跋珪非常高兴，于是大赦天下。拓跋嗣自幼聪明大度，宽厚弘毅，文武双全，孝顺父母，拓跋珪更加喜爱。公元 403 年十月，拓跋珪封拓跋嗣为齐王，拜相国，授车骑大将军。

公元 409 年，道武帝拓跋珪被次子拓跋绍杀害，京都一片混乱。在外的拓跋嗣听到消息赶回都城。拓跋绍派人四处寻找拓跋嗣，欲将其杀害，都没有成功。最终，拓跋嗣联络诸大臣杀死拓跋绍及其母贺氏等 10 余人，平息了宫廷政变。随即，拓跋嗣即皇帝位，改元永兴，重整朝纲。

拓跋嗣继位后，重视招纳汉族士人参政，重用崔浩等能臣，使北魏更快地向封建社会转变。公元 409 年十一月，设置麒麟官四十人，宿值殿省，如同常侍、侍郎。公元 414 年春，设置八大人官，大人下设三属官，总理万机。公元 417 年夏，设置天部、地部、东部、西部、南部、北部六部大人官，以诸公充任。同时对父皇治下冤死者予以昭雪，免职者给予复职，以理顺人心，稳定政局。

拓跋嗣即位时，北魏已经统一了北方大部分地区，但还存在一些小的割据政权。为消灭这些割据政权，拓跋嗣大力恢复和发展农业生产，与民休息，增强国力。拓跋嗣将塞外鲜卑人及其他胡人内迁到关东地区，按人口分给他们住房、农田、农具，强迫他们从事农业生产。对于遇到自然灾害而受困的百姓，拓跋嗣下令国库发放相应的布帛和粮食进行赈济。拓跋嗣经常外出巡视，接见民间长者，问民疾苦，还派中央官员巡视四方，防止地方官员贪污害民，同时规定百姓发现刺史守宰不遵法令，可以直接进宫告发。这些措施减轻了农民负担，缓和了阶级矛盾，使北魏的国力得到增强。

为了巩固统治，在对外政策上，拓跋嗣一开始停止征战，采取抚和政策。公元 414 年，拓跋嗣遣使通后秦、柔然及北燕，又令平南将军、相州刺史尉古真与刘裕相互交往联络。当时，柔然是侵掠北魏最为频繁的势力。因为游牧民族柔然迁徙无常，当北魏大军深入漠北进攻时，柔然便遁逃无迹；北魏军南撤之后，柔然又卷土重来。北魏不得不在军事进攻的同时，在阴山以北东起赤城（今河北赤城县）、西至五原（今内蒙古乌拉特前旗境内）修筑一千多公里长城，还在这一带修筑了一系列城堡，其中著名的有沃野镇（今内蒙古五原县北）、怀朔镇（今内蒙古包头市固阳县西南)、武川镇（今内蒙古呼和浩特市武川县西）、抚冥镇（今内蒙古四子王旗东南）、柔玄镇（今内蒙古兴和县东北）、怀荒镇（今河北张北县），此六镇在北防柔然入侵方面起了很大作用。

在采取防御政策的同时，对于公然侵犯北魏的敌人，拓跋嗣也毫不犹豫地出兵征伐，并抓住机会开疆拓土。公元410年正月，拓跋嗣命南平公长孙嵩等北伐柔然。五月，长孙嵩被柔然追赶并围困在牛川，拓跋嗣亲征，柔然仓皇逃走。公元414年十二月，柔然侵犯北魏边境，拓跋嗣再次亲率大军讨伐。公元416年八月，刘裕率军伐后秦，后秦求救北魏。拓跋嗣派出10万精骑，在黄河边牵制晋军，刘裕指挥将士大败魏军。从此，拓跋嗣听从谋臣崔浩建议，不再与晋军为敌。刘裕去世后，拓跋嗣于公元422年十月举兵攻宋，刘宋东郡太守王景度放弃滑台逃走。拓跋嗣命成皋侯元苟儿为兖州刺史，镇守滑台。十二月，拓跋嗣派寿光侯叔孙建等率部从平原东渡，攻下青、兖二州各郡县。公元423年，司空奚斤围困并攻克虎牢，俘获刘宋冠军司马、司州刺史毛德祖、冠军将军、荥阳太守翟广等。自此，北魏夺取黄河南岸要地和青州、兖州、豫州、司州，攻占虎牢关，辟地三百里。

为追求长寿成仙，拓跋嗣也经常服用寒食散，导致体内毒素增加，身体衰弱。为防不测，拓跋嗣于公元422年立 15 岁拓跋焘为太子，让其临朝听政，并安排崔浩、长孙嵩、奚斤、安同等人辅佐太子。公元 423 年十一月六日，拓跋嗣病逝，其在位 15 年，终年 32 岁。

3. 太武帝拓跋焘

公元 423 年十一月九日，16 岁太子拓跋焘登极，是为太武帝。拓跋焘为明元帝拓跋嗣长子，生于公元 408 年，母亲杜氏。拓跋焘出生时体态容貌优于常人，祖父拓跋珪十分惊奇，并对其寄予厚望。公元 409 年拓跋珪去世，拓跋焘父亲拓跋嗣继位。公元 422 年四月，拓跋嗣封拓跋焘为泰平王，并任命为相国，加授大将军；五月，拓跋焘监管国事；十一月，拓跋焘统领六军出镇塞上。拓跋嗣生病期间，拓跋焘总管朝中事务。公元 423 年十一月拓跋嗣去世。拓跋焘继位。

拓跋焘即位初期，柔然一直是北魏大患。正是柔然的不断侵扰，使北魏无力进一步征服其他割据政权。于是，拓跋焘下定决心北击柔然。拓跋焘刚即位，柔然首领大檀率骑兵 6 万，前来攻打北魏云中（今内蒙古托克县）。拓跋焘带兵日夜兼程，赶到云中击退敌军。公元 424 年十二月，拓跋焘以平阳王长孙翰率军出参合（今内蒙古凉城东北），自领一军进屯柞山（今内蒙古和林格尔境内），斩柔然骑兵数千，获马万余匹。公元425年十月拓跋焘东西五道并进，再次北伐，大军至漠南舍辎重，轻骑越漠进攻，柔然可汗大檀率众北遁。公元428年，拓跋焘正在攻夏，柔然骑兵万余攻入塞内，掠边民而走。次年四月，拓跋焘遣平阳王长孙翰领军自西道向大娥山，亲领军自东道向黑山（今内蒙古和林格尔西北），会于柔然可汗庭（今蒙古人民共和国哈尔和林西北）。五月，拓跋焘击溃大檀弟，六月到达远离平城四千里的菟园水（今蒙古人民共和国杭爱山南之推河），魏军分兵搜讨，东至瀚海（今蒙古高原东北境），西至张掖水（今纳林河），北越燕然山（今杭爱山），柔然节节败退，被柔然控制的高车诸部趁机摆脱柔然，三十余万落民众、百余万牛马归于北魏。就这样，拓跋焘从十二岁远赴河套抗击柔然入侵以来，25年间13次亲率大军、远涉数千里进攻柔然，击溃柔然及其附属部落，扩地千余里，终使柔然一蹶不振。

公元425年胡夏赫连勃勃病逝，其子赫连昌继位，赫连勃勃诸子相攻，关中大乱，拓跋焘乘机西伐。公元426年九月，拓跋焘分兵两路进逼关中重镇长安，自己亲领大军奔袭统万城。冬至日这天，赫连昌正在宫中大宴群臣，突闻北魏来袭，匆促迎战，大败而退，城门未及关闭，魏军乘势攻入西门。赫连昌退入内宫，闭门不出，拓跋焘一时难以攻下，遂分兵四掠，获牛马十余万头，徙民万余户而归。公元 427 年，魏军再攻统万城。拓跋焘埋伏主力于山谷中，以少量骑兵诱使夏军脱离坚城，拓跋焘突袭其后，大获全胜，俘赫连昌，后赫连定于平凉即位。公元 430 年拓跋焘再攻胡夏，夺取安定、平凉、长安、武功，尽得关中之地，胡夏名存实亡。之后赫连定被吐谷浑所杀，胡夏灭亡。

公元 432 年，拓跋焘亲自率军征伐北燕，攻克北燕大郡，迁其 3 万余户。公元 435 年，拓跋焘再次出兵北燕，冯宏请高句丽数万援兵，仍旧遭遇失败。最终，冯宏毁宫城，逼百姓东迁高丽，旋即被杀，北燕灭亡，整个辽河流域归北魏。公元 439 年，拓跋焘出兵征伐割据河西的北凉，自知无法抵挡的沮渠牧犍向拓跋焘投降，北凉灭亡。至此，拓跋焘经过十多年征战，终于统一北方，结束了自西晋末年以来北方的大分裂状态。

拓跋焘在位期间，南方宋文帝刘义隆开创了"元嘉之治"。雄心勃勃的刘义隆为统一中国，先后三次北伐。可惜或因准备不足，或因用人不当，更为致命的是，因为坐在皇宫的刘义隆瞎指挥，使这三次北伐无一胜利。其中公元 450 年的第二次北伐，给拓跋焘大举反攻的机会。拓跋焘亲率 60 万大军进攻江南，接连攻克悬瓠（今河南汝南）、项城（今河南沈丘），渡淮逼近瓜步（今江苏六合东南），扬言要取建康。后来，刘宋军民誓死抵抗，迫使拓跋焘撤退。而魏军回撤时，一如既往地烧杀抢掠，不但"元嘉之治"不复存在，而且许多州郡成为赤地。

武力统一北方之后，拓跋焘用心于建立制度和发展经济。拓跋焘注重使用汉族士大夫，下令各州郡官员延请汉族有识之士。在拓跋焘的倡导和推动下，一大批汉族名儒学者来到平城，其中崔浩、高允等汉人士大夫为北魏强大做出了重要贡献。同时，拓跋焘重视鲜卑官员的汉化教育，他继位不久就在京师办太学，祭祀孔子和颜渊，选派精通经史的儒学大师教育自己子孙，下诏王公大臣到卿大夫以及他们的子孙都要进太学接受教育，学习经史。对于拓跋贵族没有法制观念、任意贪污勒索的现象，拓跋焘也进行了整顿。早在公元431年，拓跋焘让司徒崔浩改定律令，20年后再行修订为刑罚适中的391条律令，颁布全国施行。针对官员中普遍存在的徇私枉法、官官相护，拓跋焘于公元437年下诏全国吏民检举、告发不依法办事的官吏。这些措施的施行，促进了北魏政权建设和社会发展。

拓跋焘即位之初很尊重佛教，但是随着佛教徒的大量增加，对国家兵源和经济发展带来不利影响；一些佛教徒假佛教之名行鬼神方术之实，已经妨碍到皇权的加强。因此在崔浩等人建议下，拓跋焘开始了灭佛行动。公元438年三月，拓跋焘下诏规定50岁以下的和尚还俗服徭役供租赋。公元445年，盖吴反叛导致长安骚乱，在长安城的佛寺中查获大批武器，拓跋焘认为僧众与盖吴谋通造反。公元446年，拓跋焘命令捣毁所有佛寺，烧光所有经卷佛像，杀光所有僧侣，禁绝佛教流传。

拓跋焘根据其统治区民族众多，生产方式不一等情况，实行不改变各族民众传统生产方式、生活方式和风俗习惯的政策，既重视汉族农业生产，也重视少数民族的畜牧射猎习惯。通过发展农牧业生产，征收租调，接受各族朝贡和通过战争掠夺等手段，来增加物质财富，保证军用国需。公元439年，拓跋焘下令悉除田禁，以赋百姓；公元444年削减上谷苑围之半为民田，推行有牛户与无牛户换工种田，大大增加了垦田数量；公元426年将众多杂营户隶属郡县，增加纳税人户。同时，拓跋焘屡下诏令宽民租赋，奖励劝农平赋守宰，严惩贪官污吏。畜牧业方面拓跋焘打败柔然、高车之后，迁徙降附民众于漠南放牧，马牛羊数量大增；平定统万及秦陇，以河西为牧地，马匹增至二百多万，橐驼一百多万，牛羊无数。拓跋焘一边广开源流，一边带头节俭，吃穿用度不讲华丽排场，亲戚宠臣不赐多余财物，京城皇宫不事多余修缮。

然执政后期，拓跋焘美化甚至神化自我，认为自己是无所不能的大帝，并和与他相似民族的大多数统治者一样，性格残忍，杀伐无度，酗酒成性，喜怒无常，直到欲杀谁就杀谁、想灭谁族就灭谁族的程度。于是，一批为北魏创立和发展立下汗马功劳的大臣惨遭诛杀。其中司徒崔浩因主修国史不加避讳，拓跋焘便尽诛崔浩全族，又族诛与崔浩有姻亲关系的范阳卢氏，河东柳氏以及太原郭氏。镇压盖吴反叛，尽行杀戮响应盖吴的各族人民，所过之处屋毁人绝，血流成河。

拓跋焘后期让太子拓跋晃总摄国政，拓跋晃勤奋多才，将国事处理得井井有条。拓跋焘最宠信的宦官宗爱与太子不和，见太子日渐得到拓跋焘信任，担心将来太子登基后对自己不利，于是经常在拓跋焘面前诬告太子谋反。如此屡屡进言，拓跋焘信以为真。为警告太子，拓跋焘把辅佐太子的几十位大臣全部杀掉。拓跋晃经此一吓，竟然卧床不起，不久去世。拓跋焘事后清查，发现太子并无谋反行为，后悔不已。为弥补自己过错，拓跋焘追谥拓跋晃为景穆太子，封拓跋晃儿子拓跋濬为高阳王。这时的宗爱坐立难安，唯恐拓跋焘不会放过自己。公元452年二月初五日，宗爱趁拓跋焘醉卧永安宫中，将其弑杀。拓跋焘在位29年，终年45岁。

4. 隐王拓跋余

宗爱杀太武帝拓跋焘，矫皇后诏诛杀大臣，拥拓跋余即位。拓跋余为北魏太武帝拓跋焘第六子，母亲闾氏，生年无记载。公元442年十月，拓跋焘封拓跋余为吴王。公元450年七月，南朝宋攻打北魏济州与滑台，拓跋焘率兵南征，皇太子拓跋晃北伐柔然，拓跋余留守京城。公元451年十二月，拓跋焘改封拓跋余为南安王。

公元452年二月，中常侍宗爱弑杀拓跋焘。尚书左仆射兰延、侍中和疋、侍中薛提等人认为太子拓跋晃子拓跋濬年幼，打算立拓跋焘第三子秦王拓跋翰为帝，并召拓跋翰入宫秘密安置。薛提认为拓跋濬为嫡亲皇孙，不应废黜。兰延等人反复讨论，很久也难决断。宗爱得到消息，以为自己得罪了太子拓跋晃，而向来又与拓跋翰不和，众皇子中，唯拓跋余跟自己关系密切。于是，宗爱秘密迎拓跋余入宫，假传赫连皇后令，召兰延、和疋、薛提等人入宫。兰延等认为宗爱地位低下，无有使奸能量，便毫无疑心跟随宗爱进宫。宗爱事先安排数十名宦官，手持利器埋伏宫中。兰延等人入宫，顷刻命丧宦官刀下。宗爱又杀死拓跋翰，遂放心拥拓跋余登基。拓跋余授宗爱为大司马、大将军、太师、都督中外诸军事，兼任中秘书，封为冯翊王，朝野大权尽归宗爱。

拓跋余深晓自己皇位来历，一方面极力讨好宗爱，另一方面厚赏下属，欲以此收买人心，月余时间将国库赏赐一空。同时，拓跋余不问国家大事，纵情声色犬马，不是酩酊大醉，就是野外狩猎，出入毫无限度。边境告急，拓跋余也不出兵救助，致使百姓愤恨，朝臣寒心。而宗爱自从拥立拓跋余之后，身居宰相高位，总管三省政务，掌握皇家安全，随意召唤公卿大臣，专权跋扈，目无一人。朝廷内外认为宗爱必将成为当朝赵高，篡权仅待时日，这使一味行乐的拓跋余也深感不安。于是，拓跋余开始谋划削夺宗爱权力。宗爱知道后，于公元452年十月初一日，借拓跋余祭祀宗庙机会，派小黄门贾周等人杀死拓跋余。拓跋余在位半年，生年不详。

5. 文成帝拓跋濬（jùn）

公元452年十月三日，殿中尚书源贺等拥立13岁拓跋濬即皇帝位。拓跋濬为太武帝拓跋焘故太子拓跋晃长子，母亲闾氏，生于公元440年六月。拓跋濬年少时聪明伶俐，深受祖父拓跋焘喜爱。公元444年，年仅5岁的拓跋濬随祖父出巡，遇有官吏处罚奴仆，拓跋濬当即以王者口气命令官吏将该奴仆释放。拓跋焘十分惊讶，大为赞赏，之后常把拓跋濬带在身边亲加教导，被称为世嫡皇孙。拓跋濬父拓跋晃为拓跋焘长子，被拓跋焘立为太子。由于听信宗爱诬告，拓跋焘斩杀太子身边几十人，以示警告太子，导致太子拓跋晃恐惧卧病，不久去世。拓跋焘查明太子并无谋反行为，深感后悔，在加封故太子的同时，封拓跋濬为高阳王，并对他更加宠爱。拓跋濬成年后，仪表堂堂，处事得体，朝廷每遇大事，拓跋焘都要拓跋濬参与朝议。

公元452年二月，中常侍宗爱弑杀拓跋焘，立拓跋濬六叔、南安王拓跋余为帝。同年十月，宗爱又杀拓跋余，十月初三日，拓跋濬即皇帝位，改元兴安，史称文成帝。

拓跋濬称帝时，虽说北魏已经统一北方，疆土辽阔，但由于太武帝拓跋焘东征西战，国力损耗巨大。后有宗爱数月内连杀两帝，朝政飘摇不稳，四方叛乱接连不断。公元452年十一月，陇西屠各王景文叛；公元453年二月，司空京兆王杜元宝谋反，建宁王拓跋崇与其子济南王拓跋丽参与其中；七月，濮阳王闾若文，征西大将军、永昌王拓跋仁谋反；就在同一时期，各种小规模谋反事件更是数不胜数。与内部斗争相呼应，鲜卑贵族与汉族平民的矛盾逐渐突出，虽然拓跋濬多次下诏制止鲜卑贵族的腐败行为，但均未达到目的。面对这种复杂的局面，拓跋濬调兵遣将平定叛乱，更采取与民休养政策，宽刑简政，稳定民心。

由于太武帝拓跋焘大肆灭佛，导致佛门与政府间的对抗十分尖锐。为了消除这种不利影响，拓跋濬接受群臣进言，开始改变朝廷对佛教的政策。当时的佛教虽然遭受很大打击，但是仍有众多信徒。对此，拓跋濬采取有所限制、听任自然的态度，下令各州郡可以建一处寺庙，百姓愿意出家不必横加阻拦，但大州出家人数不能超过 50 人，小州不能超过 40 人。拓跋濬还亲自为师贤等 5 人剃度，并封他们为僧人总摄，管理僧人事务，从而使佛教得以复兴，消除了佛门与政府的激烈对抗情绪，同时也加强了对僧尼的管理。

拓跋濬吸取祖父拓跋焘的教训，不轻易相信谗言而滥杀无辜。定州刺史许宗之贪污受贿，被一个叫马超的人指责。许宗之怒而派人杀死马超，因担心马超家人告发，许宗之先行诬告马超诽谤朝廷，图谋不轨。拓跋濬派人到定州，查明之后依法将许宗之处斩。公元 461 年，拓跋濬下令禁止贪污，规定贪赃绢 10 匹以上者处以死刑。在对外关系方面，拓跋濬推行和平外交政策，与南朝刘宋、北方各国建立和平外交关系，互通商贾，息兵养民。公元 465 年五月十一日，拓跋濬因病去世。拓跋濬在位 14 年，终年 26 岁。

6. 献文帝拓跋弘

公元 465 年五月十二日，12 岁太子拓跋弘登极称帝。拓跋弘生于公元 454 年七月，为文成帝拓跋濬长子，母亲李氏。公元 456 年二月，3 岁的拓跋弘被立为皇太子。拓跋弘少年时就表现得聪睿机智，举止合礼，有济世之志，深得拓跋濬喜爱。公元 465 年五月拓跋濬去世，拓跋弘继位，是为献文帝。

年仅 12 岁的太子拓跋弘即皇帝位后，政权几乎全都控制在车骑大将乙浑手中。乙浑为一手遮天，假传圣旨将尚书杨保年、平阳公贾爱仁、南阳公张天度、司卫监穆多侯、平原王陆丽等实权派人物召入宫中全部杀害。之后，乙浑自任太尉、丞相，位居诸王之上。朝廷之事不分巨细，全部由乙浑裁决。

面对凶残的乙浑，年纪尚幼的拓跋弘无法制衡，只好在冯太后面前痛哭。而乙浑独揽大权，飞扬跋扈，也引起冯太后的极度不满。冯太后深知时机尚未成熟，如果操之过急，有可能造成比当年宗爱杀皇帝还要混乱的局面。于是，她联系安远将军贾秀、侍中拓跋丕等见机行事。经过周密安排，冯太后于公元 466 年二月初二日，诏命拓跋丕、拓跋贺、牛益得等人率军冲入乙浑府中，将乙浑处死。由于局势混乱，冯太后下诏临朝称制，并命前朝旧臣高允、高闾、贾秀共同参政。公元 467 年，拓跋弘儿子拓跋宏出生，冯太后与拓跋弘十分高兴，于是大赦天下，并于不久立拓跋宏为太子。冯太后对拓跋宏十分喜爱，宣布归政于拓跋弘，自己主要精力用于抚育皇太子拓跋宏。

拓跋弘亲政后，继承父辈推崇汉文化的传统，采纳中书令高允等人建议，议定郡县学制，明确大郡、次郡、中郡学制的具体要求及教授名额配置，规定博通经典、忠正清廉者为博士或助教，为人修谨、能循名教者为学生，从此建立起一套比较完善的地方官学制度。

在推崇汉文化的同时，拓跋弘大力推动经济改革，加快封建化进程，在平城等地建起大量房屋，迁塞外鲜卑人及其他胡人到关东地区，变游牧生活为农业耕作。拓跋弘关心农民，减免租赋，按照十分之一的比例收取赋税，免除其他一切杂调。农业发展带动商业渐活跃，货币也恢复流通，公元495年重铸"太和五铢"钱，规定在京师及全国州镇通行。同时拓跋弘整肃纲纪，限制贪污、贿赂等行为。这些宽简政策的施行，促进了北魏经济的发展，使北魏出现了一个相对兴旺的局面。

军事方面，公元466年，北魏占领刘宋彭城；公元467年，北魏征服刘宋淮河流域；公元469年，北魏又占领刘宋山东地区；公元470年，北魏出击青海湖地区的吐谷浑部落。公元472年二月，已经禅位的拓跋弘率兵击退柔然进攻，十一月，又亲自征讨柔然，一直杀到漠南，逼柔然后撤几千里；不久拓跋弘又领兵征讨投降北魏后又叛乱的河西吐谷浑；公元473年，拓跋弘声言领兵攻击南朝，以威慑之力保持了南部疆界安稳。

　　这时的北魏政坛，在一切运行良好的表象下，有股潜流在一直涌动。其实，当年冯太后归政之后，并没有放弃权力。冯太后提拔兄长冯熙为太傅，以监督献文帝的言行。当时，冯太后对拓跋弘比较满意，因为拓跋弘每遇难以定夺之事，都会主动与冯太后商量。后来，由于年龄增长和自我意识增强，拓跋弘逐渐放弃对冯太后的依赖，并寻机打压冯太后的气势。27岁就寡居深宫的冯太后，与宫中宿卫李奕有染。李奕仗其兄为南部尚书李敷，且有冯太后宠爱，在宫中出入无忌，不把皇帝放在眼里，拓跋弘决定以此为突破口打击冯太后。此时，李敷曾经帮助仪曹尚书李䜣遮掩贪污之事被告发，拓跋弘下令将李䜣押回平城审讯，并派心腹向李䜣暗示，只要李䜣揭发李敷、李奕兄弟罪状，即可免除死刑。于是，李䜣罗列李敷、李奕兄弟罪状30多条报与皇帝。拓跋弘闻奏，当即下令诛杀李敷、李奕。李奕被杀，冯太后悲恨交加，从此母子间的矛盾愈演愈烈。拓跋弘本来刚毅果断，现在处处受制，遂生厌烦之意。加之北魏境内灾荒不断，反叛不时发生，年轻的拓跋弘心灰意冷，便产生禅位之意。公元471年，拓跋弘召集大臣，商量禅位之事。由于太子年幼，拓跋弘意欲传皇位于叔父拓跋子推，大臣表示坚决反对。于是，拓跋弘禅位于年仅5岁的皇太子拓跋宏。

　　退位之后移居别宫的拓跋弘，名己为太上皇帝，以别于彻底退位的太上皇。因此，拓跋弘戎装出京征讨柔然，颁布诏令保护农业生产，提拔克己奉公牧守，惩治贪婪残暴官员。虽然拓跋弘的所为有益于百姓，更有利于北魏统治，但对于辅佐新皇帝的冯太皇太后，却是难以容忍的越界行为。公元476年六月的一天，冯太后暗令左右在拓跋弘食物中下毒，拓跋弘中毒身亡。拓跋弘在位7年，终年23岁。

7. 孝文帝元宏

公元471年八月二十日，18岁的献文帝传位于5岁太子拓跋宏。元宏原名拓跋宏，生于公元467年八月，为献文帝拓跋弘长子，母亲李氏。拓跋宏出生前，献文帝拓跋弘嫡母冯太后临朝。拓跋宏三岁时被立为皇太子，依照北魏"子贵母死"制度，生母李氏即被赐死。公元471年八月，5岁的拓跋宏受父禅即帝位，改年号延兴。

拓跋宏初即位，由于年纪尚小，冯太后再次临政。当时，北魏连年水旱，租调繁重，官吏贪暴，百姓流离，各种叛乱连绵不断。公元471年九月，青州高阳封辩聚众反叛，自称齐王；十月，沃野、统万二镇敕勒族叛魏；朔方曹平原率众攻破石楼堡，杀军将；十一月，司马小君起兵于平陵；公元472年二月，东部敕勒与连川敕勒相继叛；

七月，光州孙晏、河西费也头聚众反。这一时期，各地暴动、反叛事件达二十多起，北魏政局处于严重动荡之中。冯太后以拓跋宏诏令，鼓励县令凡肃清一县劫盗者兼治二县，享受二县令待遇；能肃清二县劫盗者兼治三县，三年后升为郡太守；二千石官吏肃盗有为者，三年后升为刺史。州县官吏积极行动，叛乱逐渐平息。

北魏孝文帝元宏被誉为杰出的政治家和改革家，而其成长与成就，冯太后居功至伟。

冯太后祖父为北燕昭成帝冯宏，其父冯朗投北魏后官居秦、雍二州刺史，后被杀。冯朗妹为太武帝拓跋焘左昭仪，冯太后从小随姑母进宫接受教育。14岁那年，文成帝拓跋濬即位，冯太后被选为妃，后来成为皇后。拓跋濬去世后，冯太后果断清除飞扬跋扈的乙浑，临朝称制。拓跋宏出生并被立为太子，冯太后归政于拓跋弘，转而抚养培育拓跋宏。拓跋宏5岁登极，冯太后再次临朝，即大手笔处理朝政，高标准培养教育拓跋宏。拓跋宏也勤奋努力，逐渐有了较高的汉文化修养，冯太后经常指导少年拓跋宏处理国家大事。

冯太后足智多谋，具有丰富的政治经验和才能。在她临朝称制的14年中，有意识加速鲜卑汉化进程，在社会风俗、政治、经济等方面进行了一系列重大改革。公元483年十二月，她代孝文帝拓跋宏下诏，禁绝一族之婚和同姓之娶。公元 484 年六月，下诏实行俸禄制，对北魏官制进行改革。北魏建国以来，对官吏不设俸禄，官吏个人收入战时靠抢掠，战后靠贪污，统治者对此听之任之，造成尖锐的社会矛盾。俸禄制规定发给官吏固定俸禄，同时规定官吏在俸禄之外，如果贪污绢一匹以上予以处死。一时间北魏吏治出现较为清明的气象，贪污之风大为减少。

公元 485 年和 486 年，冯太后又以拓跋宏的名义，亲自主持颁行了均田制、租调制和三长制，给北魏社会带来重大变化。均田制规定凡 15 岁以上的男子和妇女，都可以得到授予的土地，男子可获得露田 40 亩，桑田 20 亩；妇女可得到露田 20 亩，奴婢和一般百姓也可以同样受田，同时限制豪强大族兼并土地。租调制规定一夫一妇每年只需上缴国家帛一匹、粟二石，大大减轻了农民负担，吸引众多流民成为国家编户。三长制规定五家为邻，设一邻长；五邻为里，设一里长；五里为党，设一党长。这一系列改革措施缓解了社会矛盾，解放和发展了生产力，农业生产发展迅速，促进了北魏的经济社会发展。

孝文帝拓跋宏对祖母也十分孝敬，自太后临朝，事无大小，均禀承冯太后议决。公元 490 年，在冯太后长期严格教育和直接影响下，23 岁的拓跋宏精通儒家经义，积累了丰富的治国经验，于是，冯太后还政于拓跋宏。

拓跋宏亲政后，继承太后遗志，重用汉族士人，全盘推行汉化，在各个方面实施了进一步的改革。拓跋宏仿照汉族王朝礼仪，作明堂，建太庙，正祀典，迎春东郊，亲耕藉田，祭祀舜、禹、周公、孔子，允许群臣守丧三年。公元491年十一月，仿照汉人官制，定官品，考核州郡官吏。同年冬天，设太乐官，依据儒家六经，参照各国音乐志，制定声律，议定雅乐；公元492年正月，颁布五品诏，又命群臣议五行之次，以晋承曹魏为金德，北魏承晋为水德。四月，颁布新律令，改北魏初年施行的车裂、腰斩等酷刑为斩首和绞刑，降夷五族酷刑止同祖、夷三族止一门、门诛止本身。

迁都洛阳是拓跋宏推行汉化改革最为重要的措施之一。为了便于学习和接受汉族先进文化，进一步加强对黄河流域的统治，实现日益强烈的统一江南愿望，拓跋宏决心把国都从平城（今山西大同市）迁到中原地区。为减少迁都阻力，拓跋宏于公元493年假大举攻伐南齐之名，亲率步兵骑兵三十多万从平城出发，九月底南下抵达洛阳。时值深秋，阴雨连绵，大军就地待命。当时许多鲜卑大臣不愿内迁，更畏惧南伐，拓跋宏将计就计，令大臣李冲、穆亮等人筹划营建洛阳，派任城王拓跋澄回平城说服上层贵族支持迁都，并于公元494年正式迁都洛阳。

随着迁都的进行，大批鲜卑人涌入内地，语言、习俗、生活却与内地格格不入，严重阻碍各民族之间的交往、经济文化的发展和北魏政权的巩固。在王肃、李冲、李彪、高闾等汉族士人的支持下，拓跋宏立即着手改革鲜卑旧俗，全面推行更深一步的汉化改革。这些改革措施有：禁止鲜卑贵族穿着胡服，一律改穿汉族衣服；禁止鲜卑贵族讲鲜卑语，一律改说汉语；官员及家属必须穿戴汉服；将鲜卑族姓氏改为汉族姓氏，把皇族由姓拓跋改为姓元，拓跋宏自己改名元宏；鼓励鲜卑贵族与汉族贵族通婚，元宏自己带头，六位王妃中五位为汉人，还为六个兄弟聘娶汉族高门之女为妃；采用汉族官制、律令；学习汉族礼法，尊崇孔子，诏令在洛阳设立国子学、太学、四门小学，提倡以孝治国，尊老养老；迁到洛阳的鲜卑人，一律以洛阳为原籍；去世于洛阳的鲜卑人，不得还葬平城，必须葬于洛阳附近的邙山；依据古代《周礼》中的制度，下诏去长尺，废大斗，改重秤，颁行全国。上述措施的实行，迅速将鲜卑族从奴隶社会带入封建社会，加速北方各少数民族封建化进程，促进了鲜卑族和汉族的融合，使北魏政治、经济、文化、社会、军事等方面都有了较大的发展。

元宏大举改革，行汉制，亲儒士，明法律，禁贪腐，让一些鲜卑旧贵族及其后裔难以为所欲为，因而招致他们的强烈反对。公元 496 年八月，元宏巡幸嵩岳，皇太子元恂留守金墉城。元恂素不好学，又身体胖硕，最怕洛阳炎热天气，一直心仪旧都，常思北归，顽固保持鲜卑旧俗，加之部分旧贵族挑唆，乘元宏出巡之机与左右合谋，盗三千御马阴谋出奔平城，发动政变。元宏闻讯急返洛阳，对元恂亲加杖责，囚于别馆。次年四月，元恂又与左右谋反，元宏派人逼令元恂自尽。

元恂被杀当月，恒州刺史穆泰、定州刺史陆睿相互合谋，暗中勾结镇北大将军元思誉、安乐侯元隆、鲁郡侯元业、骁骑将军元超及阳平侯贺头、射声校尉元乐平、前彭城镇将元拔、代郡太守元珍等人，阴谋推举朔州刺史阳平王元颐为首领，起兵叛乱。元颐佯装许诺，暗中将叛乱阴谋密报朝廷。元宏派任城王元澄挂帅平叛，元澄穷治穆泰同党，平息叛乱。

元宏为推行先进的汉文化，创办学校，整理典籍，聚众研讨学问，弘扬佛教教育，开凿驰名中外的洛阳龙门石窟，留下气势雄厚的魏碑体书法，对北方文化复兴做出了一定的贡献。

元宏亲政以后，即有统一天下宏愿。因此，元宏几乎每年都要举兵伐齐。公元 497 年南齐内乱，元宏召集冀、定、瀛、相、济五州丁壮 20 万人御驾亲征，一路连克新野、南阳、彭城。齐主萧鸾忧虑加恐惧，于公元 498 年七月病逝。元宏正欲一鼓作气统一南方，因内部高车族反叛而中止。公元 499 年三月，元宏再次率兵南征，大败南齐太尉陈显达、平北将军崔慧景。但因操劳过度，元宏再次病倒，而且迅速加重。元宏召元勰等交代后事，于公元499 年四月初一病逝于谷塘原。孝文帝元宏在位 29 年，终年 33 岁。

8. 宣武帝元恪

公元 499 年四月十二日，17 岁太子元恪登极。元恪生于公元 483 年，为北魏孝文帝元宏次子，母亲高氏。公元 495 年，太子元恂谋反被赐死，元宏选元恪为皇位继承人。公元 499 年四月，元宏率军南征途中病逝，元恪即皇帝位。

元恪即位后，首先开始扩建新都洛阳，巩固其父改革成果。当时，北魏迁都五六年后，洛阳已经成为北方最为繁华的城市。但孝文帝去世，一些鲜卑贵族企图重返塞北，并以孝文帝曾经许诺他们夏天可以北回为理由。在元晖等大臣建议下，元恪拒绝这些贵族遗老的要求，于公元 501 年征调 5 万民夫扩建洛阳旧城，并在洛阳城外四面增建 320 个新坊。同时，元恪趁南齐在萧宝卷昏暴统治下的混乱之机，于公元 500 年派军队接连南攻萧齐，北击柔然，直到公元 508 年战事结束，先后占领南齐扬州、荆州、益州等地，疆域大大向南拓展，国势盛极一时。

踌躇满志的元恪转而治理国家内政，但此时北魏已经出现大量贪官污吏。贵族元丽曾奉元恪诏令镇压秦州、泾州起义，却非法掠夺 700 多名百姓为奴仆。元恪知道此事后，为嘉奖元丽平叛之功，特别吩咐监察机构不许追究元丽枉法行为。受孝文帝遗命辅政的咸阳王元禧，位居宰辅之首，却贪财好色，贪赃枉法，家中娇姬美妾数十人，还差人到处搜求美女，又借经营之名侵吞大量土地和盐铁产业。另一辅政亲王元祥，凭借皇族身份在吏部买卖官爵，开辟吏部市曹，同时强占民宅，倒买倒卖，使百姓怨愤不已。元晖任冀州刺史期间，贪污聚敛无度，离任之日运载私人财物的大车首尾相连上百里。将军邢峦南征汉中时掠夺良民美女为奴婢，元恪宠臣元晖就此事联合他人纠劾邢峦。邢峦得知后挑选数十名绝色美女献给元晖，元晖立即改口在皇帝面前说邢峦好话，而元恪却听之任之。如此上行下效，北魏朝廷贪污腐败现象越来越严重。

　　元恪统治后期，外戚高肇掌握朝政，朝廷更加腐败。高肇为元恪舅父，心胸狭窄，忌妒仇恨皇族亲王尊贵地位。于是，高肇利用得宠于元恪，进谗言逼杀位居其上的北海王元祥，又欲置其余亲王在自己控制之下，致使元恪弟、京兆王元愉不满，起兵谋反。不久，元愉被平定后赐死。其间高肇收买小人，诬陷元恪六叔、彭城王元勰暗通元愉谋反，元恪令元勰自尽。从此，高肇更加飞扬跋扈，朝政日益昏聩不堪。

元恪在位期间大量修建佛寺，自公元 512 年至公元 515 年三四年间，仅洛阳城内兴建佛寺五百多所，各州郡建造佛寺达一万三千七百余所，巨量耗费致使民不聊生。

皇帝缺乏政治远见，任由贪腐蔓延，外戚横行，使得北魏政治十分黑暗，各地反叛此起彼伏。在元恪执政的 16 年间，各地反抗起义多达十余次。兴兵平叛严重耗费国力，同时大量孳生贪腐。故自元恪始，北魏开始快速进入混乱衰落通道。公元 515 年正月十三日元恪病逝，其在位 17 年，终年 33 岁。

9. 孝明帝元诩（xǔ）

公元 515 年正月十三日，6 岁太子元诩登极称帝。元诩出生于公元 510 年三月，为宣武帝元恪唯一没有夭亡的儿子，母亲胡氏。公元 512 年十月，元恪立年仅 3 岁的元诩为皇太子。公元 515 元恪去世，时年 6 岁的皇太子元诩即皇帝位，是为孝明帝。孝明帝下诏元宏弟、高阳王元雍入居西柏堂，决断处理政务；下诏拓跋晃孙、任城王元澄为尚书令；又下诏赐死专横跋扈的外戚高肇、高显兄弟。由于元诩年幼无法主持朝政，生母胡氏便以皇太后身份总揽政务。由此开始，元诩在位的 13 年间，朝政几乎全部掌握在胡太后手里，元诩成为傀儡皇帝。

胡太后临朝听政后，不理政事，其最大爱好就是修建佛寺。在胡太后的推崇下，孝明帝年间全国佛寺达3万多所，仅洛阳就有佛寺1300多所。胡太后以挥霍为享乐，以滥赏为乐趣，甚至大开朝廷库藏，任凭随其游乐的王公嫔主尽己之力拿取绢帛，拿多少都算赏赐，有贪婪者一次即背负绢帛二百多匹。胡太后的如此行为和爱好，使得北魏朝廷库藏锐减，市面物价飞涨。而对于生活困苦的平民百姓，胡太后却不闻不问，不管不顾。

对于胡太后大兴佛寺、滥作施赏的劳民伤财行为，朝中辅政的老臣任城王元澄以及元恪弟、清河王元怿等人上书进谏，希望改善政治、加强军备，以继承孝文、宣武两位皇帝统一中国的遗愿。胡太后对其中祖父辈的老亲王元澄十分礼遇，朝廷中无论大小政事都会请元澄参与商议，但她对元澄的忧国之言全当耳边风。就在反对挥霍浪费的元澄去世后，胡太后却为其举行了一场极其奢费的葬礼。胡太后亲率1000多名官员，不仅亲自为元澄送葬，还号啕大哭，让其他送葬者不由为之感动落泪，无不羡慕元澄"哀荣之极"。

元澄去世后，胡太后更加宠信一些奸诈小人。胡太后的妹夫元叉，才疏学浅，自私奸诈，却很得胡太后的宠信。宦官刘腾，目不识丁，因主持修建太上公寺、太上君寺，为胡太后去世的父母祈福而得到胡太后的宠爱。这两个奸诈小人，屡屡被正直的清河王元怿阻抑。为了消除障碍，元叉与刘腾反复向元诩密报，诬陷元怿意欲毒杀皇帝自立为帝，元诩信以为真，便诏令元怿入朝，将其杀害。

元叉、刘腾一不做二不休，发动政变，囚禁了胡太后。之后，这两个小人矫太后诏，称还政于孝明帝元诩，改年号为正光，北魏朝廷由此陷入了元叉、刘腾的控制之中。这两人比胡太后更甚，贪污暴掠无度。刘腾抢夺邻居房屋，每年收贿巨万；元叉在宫中开辟库房，专门用来放置搜刮来的珍宝财物。他们又荒淫不堪，经常派人将美艳女子送入宫中玩乐。在这两人的折腾下，北魏政事荒废，纲纪不举，天下一片混乱，百姓生活在水深火热之中。

公元 523 年刘腾病死，被囚禁的胡太后抓住机会，与丞相元雍合谋，最终解除了元叉的军政大权。公元 525 年，重新摄政的胡太后继续奢侈无度，全力搜刮民脂民膏，各级官员更是争相效仿，整个北魏国都陷入了追逐享乐、腐败至极的状况。

政治的黑暗、官吏的贪暴，使百姓不堪困苦，反抗此起彼伏。公元 523 年，北魏爆发六镇起义；公元 525 年，山东农民起义；公元 526 年，朔州民鲜于阿胡起义。虽然各路起义都被北魏军队镇压，但是这些起义沉重地打击动摇了北魏的统治根基。

公元 528 年，孝明帝元诩已经 19 岁，开始对胡太后的专权严重不满，于是密令驻扎在晋阳的岳父尔朱荣率兵来洛阳帮忙铲除胡太后。不料消息走漏，胡太后先下手为强，联合情夫郑俨、徐纥，于公元 528 年二月二十五日一杯毒酒结束了自己唯一儿子的生命。元诩在位 14 年，终年 19 岁。

10. 幼主元钊

公元 528 年二月十七日，胡太后下诏，3 岁的元钊即位登极。元钊生于公元 526 年，为孝文帝元宏曾孙，祖父为临洮王元愉，父亲元宝晖。

公元 528 年二月孝明帝元诩突然去世，胡太后将史称元姑娘的孝明帝幼女伪称为皇子拥立为帝。后胡太后发现真相难以隐藏，遂改立年仅 3 岁的元钊为帝。胡太后此等离奇操作震惊天下，曾受孝明帝元诩密令进京逼退胡太后的晋阳军阀、元诩岳父尔朱荣遂带兵讨伐。

尔朱荣先世居住于尔朱川（今山西省北部），为契胡中的一支，与后赵石勒同出一源，历代先人均为部酋。自尔朱荣高祖尔朱羽健率三千武士随北魏道武帝拓跋珪征讨后燕开始，尔朱氏数世皆为魏将。至尔朱荣继承父辈衣钵时，北魏兵乱四起，尔朱荣趁机招合四方义勇，发放战马衣物，组建了一支强悍的契胡军队。到北魏孝明帝时，尔朱荣将女儿嫁给皇帝元诩。北魏北方六镇起义，尔朱荣在镇压过程中，从六镇降兵中网罗了高欢、贺拔岳、侯景、宇文泰等将领，成为北魏炙手可热的地方势力。

公元 528 年四月十一日，尔朱荣占领京师洛阳，元钊及胡太后被俘。尔朱荣将幼主元钊及胡太后押至河阴，胡太后哭诉称自己被佞臣蒙蔽，3 岁元钊更吓得啼哭不止，尔朱荣仍将胡太后及元钊投入黄河溺杀。元钊在位两个月，终年 3 岁。

11. 孝庄帝元子攸

公元 528 年四月十一日，尔朱荣拥元子攸登极。元子攸生于公元 507 年，为献文帝拓跋弘之孙，彭城武宣王元勰第三子，母亲李媛华。元子攸姿貌俊美，智勇过人，早年作为宣武帝元恪太子元诩伴读，相处得体，友爱有加。初封武城县开国公，公元 526 年进封长乐王。先后担任中书侍郎、城门校尉、给事黄门侍郎、散骑常侍、御史中尉、侍中、中军将军、卫将军、左光禄大夫、中书监等官职。

公元 515 年元恪病逝，6 岁太子元诩即位，皇太后胡充华临朝称制。胡太后胡作非为，众朝臣贪赃枉法，引起朝野混乱。公元 528 年，19 岁的元诩不堪母后专权，即密令镇守晋阳（山西太原）的岳父尔朱荣进京协助自己夺回皇权。消息泄露，胡太后伙同情夫将亲子元诩毒杀，另立3岁元钊为帝。契胡部酋长尔朱荣以追查皇帝元诩死因为由，举大兵向洛阳进攻，并与元诩堂叔元子攸联络，声明要立元子攸为帝。元子攸得知消息，与兄弟潜出洛阳，直奔已经抵达河内（今河南沁阳）的尔朱荣军营，尔朱荣当即立元子攸为皇帝。

元子攸在北魏有着较高的声望，被胡太后派去守卫洛阳的将领大都倾向于元子攸，于是，对尔朱荣的大军并未做特别抵抗。尔朱荣率军顺利渡过黄河，不久攻破洛阳。尔朱荣带胡太后及幼主元钊到河阴（今河南孟津东），然后将他们装入竹笼投入黄河。接着，尔朱荣以郊外迎接新皇帝元子攸并一同祭天为借口，诱北魏文武百官到河阴淘渚（今黄河小浪底）。尔朱荣一声令下，包括当时第一奇富的丞相元雍、新皇帝元子攸兄弟元劭、元子正等储王在内的两千多名高级官员和贵族，在契胡骑兵的践踏和嗜血屠刀的挥舞中命丧黄泉，北魏朝廷几无朝臣。

元子攸是尔朱荣扶持的傀儡皇帝。因为拥立之功，元子攸封尔朱荣为天柱大将军，其他成员如尔朱兆被封为骠骑大将军、汾州刺史，尔朱仲远为宁远将军、步兵校尉，尔朱度律为安西将军、光禄大夫，尔朱世隆为骠骑大将军、尚书左仆射，北魏成为尔朱氏集团的天下。时尔朱荣本想乘势灭魏称帝，故命亲信将新帝元子攸软禁在便幕。但终因各种缘由，尔朱荣复迎元子攸入洛正式即位，改元建义。

尔朱荣立元子攸即位后，又将女儿尔朱英娥嫁给元子攸为皇后。此后，尔朱荣接连击破葛荣，平定邢杲，消灭元颢，擒拿万俟丑奴，使本已无力回天的北魏王朝重新得以运转。而此时，军队中能征善战的部队几乎全部听命于尔朱荣，朝廷里尔朱荣的亲信元天穆、尔朱世隆等人占据着要害位置，元子攸前后左右全是尔朱荣一党，连皇宫也是尔朱荣的女儿，地方上关中、山东、河北、山西等要紧之地全部掌握在尔朱家族及其党羽手中，已经升为大丞相一手遮天的尔朱荣，对皇帝位更加虎视眈眈。

公元530年，已经24岁的元子攸实在不甘心一直当一个傀儡皇帝，生性果敢的元子攸决定诛杀尔朱荣。于是，元子攸秘密联系城阳王元徽等人，并计划好杀死尔朱荣的方案。这年九月，元子攸在宫中设下伏兵，然后诈称尔朱荣女儿生皇子，召尔朱荣、元天穆等人进宫探视。待尔朱荣、元天穆入宫，埋伏的光禄少卿鲁安等立即抽刀从东门杀入，久经战阵的尔朱荣眼疾手快，转身直扑御座上的元子攸，图谋最后一搏。而元子攸早已藏刀膝下，遂拔刀手刃尔朱荣。冲进宫的众杀手见天子已经动手，便一拥而上乱刀齐下，将尔朱荣、元天穆及尔朱荣的儿子尔朱菩提杀死。尔朱荣死讯一出，整个洛阳城欢呼腾跃，百官纷纷入宫朝贺。

除去尔朱荣一人，并没有撼动尔朱一族的庞大势力。尔朱世隆和尔朱荣的妻子得知消息后，立刻逃出洛阳，在洛阳城外组织一股武装力量回攻元子攸。这次仓促攻战未能取得成功，尔朱世隆等退兵北上太行。不久，尔朱荣侄尔朱兆举兵南下，再次攻破洛阳，皇帝元子攸被掳往晋阳，关押在永宁寺。半个月后的公元 530 年十二月二十三日，尔朱兆在晋阳三级寺将元子攸缢死。元子攸在位 3 年，终年 24 岁。

12. 长广王元晔

公元 530 年九月，孝庄帝元子攸诛杀尔朱荣，尔朱荣侄尔朱兆杀元子攸，拥长广王元晔为帝。元晔生于公元 508 年，为景穆太子拓跋晃曾孙，父亲为扶风王元怡，母亲卫氏。元晔早年情况不详，长大后以宗室身份历任秘书郎、散骑常侍。元子攸即位后，元晔作为皇叔，被封为长广王，任命为太原太守、行并州事，成为北魏显要人物。

公元 530 年九月，孝庄帝元子攸杀死权臣尔朱荣，尔朱荣族弟尔朱世隆、侄尔朱兆等在晋阳纠集军队准备复仇。然而，为乱臣贼子报仇而攻打皇帝，无异于谋反。于是，尔朱兆、尔朱世隆、尔朱度律等，决定效仿尔朱荣立元子攸，于当年十月推举身在并州离自己所据晋阳不远的元晔为皇帝。这样一来，北魏宫内有皇帝元子攸，宫外有元晔，一国同时有两个皇帝。十月，尔朱兆和尔朱世隆攻破洛阳，幽禁元子攸，仍以元晔为帝，改元建明。

元晔即位后，朝政尽被尔朱氏把握。尔朱兆在晋阳遥领朝政，尔朱世隆和尔朱度留镇洛阳，监控元晔。公元531年二月，尔朱世隆在与尔朱兆争权的过程中，认为元晔主要由尔朱兆拥立，尔朱兆又嫁女给元晔为皇后，元晔继续为帝显然对己不利，于是，以元晔在魏宗室血统中本支疏远为由废元晔，改立广陵王元恭为帝。

元恭即位后，元晔离开皇宫，被封为东海王。后尔朱氏集团被高欢击垮，公元532年十一月十四日，元晔被元修杀害。元晔在位2年，终年24岁。

13. 节闵帝元恭

公元531年二月二十九日，尔朱世隆逼废元晔，拥广陵王元恭为皇帝。元恭生于公元498年，为献文帝拓跋弘之孙，广陵惠王元羽子，母亲王氏。元恭少年时端庄谨慎，有志向气度。长大后喜爱学习，孝顺祖母、嫡母而以孝闻名。宣武帝元恪正始年间，元恭继承父亲广陵王爵位，并被任命为给事黄门侍郎。

元恭在受拥为帝以前，因为对孝明帝元诩时元乂擅权十分不满，就装哑托病，住在洛阳城外的龙华佛寺，不参与政事，近八年不说话，以此躲避迫害。孝庄帝元子攸在位时，有人向皇帝说元恭装哑是假，另有图谋是真。元恭畏祸逃到上洛躲藏，不久被跟踪追击，送到京城。元子攸为试探元恭是否真哑，派人深夜盗抢元恭财物，又拔刀要杀他，元恭仍然不出一声。元子攸得知元恭在性命攸关时仍不出声求救，便相信真哑，于是释放了他。

公元 530 年，尔朱氏攻陷洛阳，废除北魏孝庄帝元子攸，改立长广王元晔为帝。4 个月后，尔朱世隆废元晔而改立元恭为帝。此前尔朱世隆担心元恭真哑，于是派人向元恭转述要奉他为皇帝，元恭即刻说出感激之语。公元 531 年二月，元恭在尔朱世隆的拥立下即皇帝位，改年号普泰。

元恭继位后，朝政大权仍然掌握在尔朱世隆手中，元恭仍然是一个政治傀儡。尔朱氏的暴虐统治激起了天下百姓的愤怒，三州六镇流民聚集山西，举起反对尔朱氏暴行的大旗。尔朱兆一时无计可施，便派晋州刺史高欢前去统领流民，以免事态扩大。高欢将流民编成军事组织，取得了流民的信任。之后，高欢又得到当地豪门大族的支持，于是和尔朱氏决裂。

公元531年十月，高欢立元朗为皇帝，自任丞相、大将军等职。公元532年四月，高欢领兵攻克洛阳，杀尔朱世隆，废节闵帝元恭，并将他囚禁在崇训寺中。一个月后的公元532年四月二十九日，高欢派人将元恭毒杀。元恭在位2年，终年35岁。

14. 安定王元朗

公元531年十月六日，高欢拥元朗为帝。元朗生于公元513年，为景穆太子拓跋晃玄孙，父亲为章武王元融，母亲程氏。元朗少年时聪明好学，长广王元晔于公元531年任命元朗为渤海太守。同年十月，高欢为师出有名，在信都（今河北冀县）立19岁元朗为皇帝，改年号中兴。

元朗为帝后，高欢自任丞相、大将军等职，牢牢掌握实权，元朗又成为高欢手中的政治傀儡。公元532年闰三月，高欢在韩陵（今河南安阳境内）大破尔朱氏联军。四月，高欢攻破洛阳。待高欢控制局势之后，认为元朗在皇族宗室中为远亲，于是打算另立元恭。高欢派仆射魏兰根考察元恭，魏兰根见元恭不同于凡人，担心日后难以控制，便与高乾兄弟等劝高欢废黜元恭。后来，高欢找到藏匿农家田舍中的平阳王元修，便逼迫元朗让位，另立元修为帝。公元532年四月，高欢废元朗为安定郡王。同年十一月十四日，元朗被元修杀害。元朗在位 2 年，终年 20 岁。

15. 孝武帝元修

公元 532 年四月二十五日，高欢拥平阳王元修为皇帝。元修生于公元 510 年，为孝文帝元宏之孙，广平武穆王元怀第三子，母亲李氏。公元 527 年，18 岁的元修被孝明帝元诩封为汝阳县开国公、通直散骑侍郎、中书侍郎。公元 528 年，元修被孝庄帝元子攸改封为平东将军、太常卿，后来又为镇东将军、宗正卿。公元 530 年，元修被封为平阳王。公元 531 年，元修被节闵帝元恭任命为侍中、尚书左仆射，成为朝中重臣。公元 532 年四月，高欢击败尔朱氏，进入洛阳，废除元恭和元朗两位傀儡皇帝，立元修为帝。

元修即位后，封高欢为大丞相、天柱大将军、太师，世袭定州刺史，食邑 15 万户，朝廷大权仍掌握在高欢手中，元修只充当一个傀儡皇帝的角色。但元修称帝，北魏残余宗室如南阳王元宝炬，清河王元亶，广陵王元欣等，却对他忠心耿耿，正血气方刚的元修因此自认为很有底气。见高欢权势倾天，元修实在不甘心被操纵，与高欢矛盾日益突出。于是，元修找机会杀掉高欢在洛阳的亲信高乾。高乾弟高昂和高慎投奔高欢，洛阳与晋阳之间的关系变得更加紧张。公元 533 年八月，24 岁的元修以高官厚禄拉拢尔朱氏旧将贺拔岳共同对付高欢，高欢行反间计令贺拔岳部将侯莫陈悦火并贺拔岳。最后，贺拔岳部将宇文泰攻灭侯莫陈悦。公元 534 年，元修与高欢决裂，高欢带兵从晋阳南下，元修不敌，率众于公元 534 年七月入关中投奔宇文泰。

本来，早怀野心的宇文泰，看高欢挟天子自重，便以各种办法诱导元修奔长安。无法扳倒高欢的元修，视宇文泰为理想之臣，自认为到长安就可以掌权。而元修投奔宇文泰后，仍然被以傀儡皇帝对待，两人矛盾激增。公元 534 年闰十二月十五日，元修被宇文泰鸩杀，北魏亡。元修在位 3 年，终年 25 岁。

二、东魏

（534 年—550 年）

公元 534 年十月，北魏权臣高欢立元善见为皇帝，迁都邺城（今河北省临漳县），并以晋阳（今山西省太原市）为别都。高欢坐镇晋阳，遥控朝廷。东魏国土包括今河南汝南、江苏徐州以北、河南洛阳以东地区。由于东魏所辖地域主要在当时的黄河中下游地区，自然条件较好，经济实力、人口数量均居东魏、西魏、南梁三国之首。东魏历一帝，立国十七年，公元 550 年亡于北齐。

北魏后期，统治者的腐败和内部激烈的权力争夺，致使朝政黑暗，社会动荡，民不聊生。各地官僚豪强乘机裹胁流民，小者割地为寇，大者据城为王，北魏政权摇摇欲坠。晋阳军阀尔朱荣发动河阴之变，控制了北魏中央政权。公元 530 年北魏孝庄帝元子攸利用朝见机会杀尔朱荣，尔朱荣侄尔朱兆起兵攻进洛阳杀死孝庄帝，立元恭为帝。公元 532 年，原尔朱荣部将高欢消灭潼关以东的尔朱氏势力，杀元恭立元修为帝，北魏政权落入高欢手中。

渤海高氏之后高欢，出身怀朔镇兵户之家。世居北地，成为鲜卑化的汉人。高欢六世祖高隐曾为晋朝太守，其五世祖高庆、高祖高泰、曾祖高湖先后在慕容氏燕国为官。后燕慕容宝亡国时，曾祖高湖降附北魏，祖父高谧官至北魏侍御史，因犯法被流放于边陲怀朔镇。父亲高树生游手好闲，家世沦落。高欢出生后母亲去世，由姐高娄斤抚养长大。如此破落家庭，生活几乎无着，前途更无所论。后来遇鲜卑女娄昭君，高欢方从女方嫁妆中得到匹马。当时有马才有资格成为边镇队伍中掌管百人的队主，高欢得马如愿，从此开始有了结交中上层人士的机会。后高欢入河北起义首领杜洛周军，转而投奔另一起义军首领葛荣。一次战阵中，高欢叛葛荣投尔朱荣，成为尔朱荣亲信都督。尔朱荣去世后，高欢收编六镇余部，镇压青州流民，任第三镇酋长、晋州刺史。公元 531 年六月高欢起兵信都，翌年攻入洛阳，推翻尔朱氏集团，拥立元修为帝。公元 533 年正月，消灭尔朱氏残余势力后，高欢以大丞相、渤海王身份控制北魏朝政。公元 534 年十月，高欢逼走元修，立元善见为帝，迁都邺城，建东魏。高欢自居晋阳遥控朝政，专擅东魏朝政 16 年。

公元 535 年，宇文泰在长安立元宝炬为帝，建立西魏。东魏与西魏相较，地广人多，经济发达。高欢屡次发兵进攻西魏，试图吞并对方。公元537年，东魏军在潼关左边遭西魏军袭击，高欢大败。此后，公元537年的沙苑之战、公元538年的河桥之战、公元543年的邙山之战，双方互有胜负。公元546年八月，东魏丞相高欢亲率部众十余万，围攻西魏玉壁（今山西省稷山县）。高欢筑土山，挖地道，燃烈焰，抛石块，撞城门，毁城墙，派说客，历时50多天，死亡7万士卒，用尽全部心计，急发陈病旧病，仍未攻克玉壁，只好于十一月初撤军，之后又屡败于劲敌宇文泰。

高欢执政至公元547年去世，其子高澄继父职，权势更大。公元549年高澄遇刺身亡，弟高洋继任。后高洋见篡魏时机成熟，于次年废帝自立，改国号齐，东魏亡。

孝静帝元善见

公元534年十月十七日，原北魏重臣高欢立11岁元善见为帝，迁都邺城，史称东魏。

元善见生于公元524年，为孝文帝元宏曾孙，祖父为清河文献王元怿，父亲清河文宣王元亶，母亲胡氏。元善见仪表堂堂，沉雅明静，心怀大志，拥有文武才干，颇得朝望，世人赞叹有北魏孝文帝元宏风范。公元534年，元善见官拜通直散骑侍郎；同年八月，为骠骑大将军、开府仪同三司。

北魏末年，高欢操控北魏大权。公元534年，高欢拥立的孝武帝元修被逼逃离洛阳，西去关中投奔宇文泰。高欢另立元善见为帝。元善见为东魏开国皇帝，也是唯一的皇帝。元善见虽然文武双全，但实际一直未能亲政。野心很大的高欢，因为当年靠击溃专擅国权的尔朱氏集团、复辟君位而起家，所以虽然拥有整个东魏实权，为免背上骂名，也一直不敢轻易篡位称帝。元善见自幼聪明，几年的傀儡生涯使他看清了形势。为了拉近与高欢一族的距离，元善见于公元538年主动提出立高欢次女为皇后。起初高欢再三推辞，元善见坚持己见，直到公元539年五月，元善见才成为高欢女婿。此后，高欢表面上对元善见也是以礼相待：朝廷事无大小，高欢都会上奏元善见；元善见每次设宴招待大臣，高欢总是带头下跪向皇帝敬酒；元善见去寺院朝拜，高欢会捧着香炉跟在元善见车辇后面。然而实际上，朝廷大权全由高欢及其亲信把持，高欢委政于太保孙腾、尚书令司马子如、侍中高岳、司徒高隆之等人，后来任儿子高澄为大将军，领中书监。

公元547年高欢去世，其长子高澄袭职，继续把持东魏朝政。在高澄眼中东魏本是高家天下，高澄目的就是要取而代之，自己当皇帝。为了控制元善见，高澄提拔心腹崔季舒为黄门侍郎，监视元善见的一举一动。公元 549 年四月高澄趁侯景之乱，攻陷萧梁不少城池，元善见被迫封高澄为相国、齐王，赞拜不名，入朝不趋，剑履上殿。此后高澄篡逆之心膨胀，对元善见的欺辱也肆无忌惮，甚至唆使亲信对元善见动手动脚。

元善见不堪侮辱，却又无可奈何，于是常在宫内吟咏谢灵运"韩亡子房奋，秦帝鲁连耻。本自江海人，志义动君子"一诗。侍讲大臣荀济明白皇帝不甘苟安，便与祠部郎中元瑾、长秋卿刘思逸等人密谋救皇帝出宫。荀济他们伪装在宫中修造假山，实质欲往宫外挖地道，计划救皇帝出宫组织兵马讨伐高澄。不料地道挖到城门附近时，被守卫发现。高澄听到消息后，调集兵马直奔皇宫，斥责皇帝谋反，并下令士兵捕杀元善见的嫔妃。元善见十分愤怒，厉声反问高澄："自古只有臣子谋反，你可听说过有皇帝谋反的?"高澄一时哑口无言，只好磕头谢罪，悻悻而回。三天后，高澄把元善见囚禁在含章堂。公元 549 年八月，就在高澄准备对元善见动手时，自己却被有私仇的厨子刺杀。听到高澄死讯，元善见十分振奋，心想朝廷大权终于可以回到自己手中。可是，高澄弟高洋很快平息事态，继承了父兄的权位，并把高澄的旧部召集到了自己麾下，朝政大权复归高氏。元善见只得晋升高洋为丞相，都督中外诸军事，不几天又封为齐郡王，后又晋爵为齐王。

之后，高洋纠合魏收等人筹办禅代事宜。公元550年五月初八，张高、赵彦深等闯入皇宫，逼迫元善见禅位。随后，元善见被安排到城北的别馆居住，高洋登基为帝，国号齐，东魏亡。

高洋即位初，封元善见为中山王，食邑一万户。北齐政权根基稳固后，于公元551年十二月初十日，高洋下毒杀死元善见，并把元善见三个儿子全部杀害。元善见在位17年，终年28岁。

三、西魏

（535 年—557 年）

公元 534 年七月，北魏孝武帝元修逃奔关中依宇文泰，后被宇文泰杀。宇文泰另立元修孙元宝炬为帝而建立西魏。

西魏是由北魏分裂出来的割据政权。公元 534 年七月，北魏孝武帝元修脱离高欢，从洛阳逃至长安投靠北魏将领、鲜卑化匈奴人宇文泰。公元 535 年宇文泰杀元修，立北魏孝文帝元宏孙、临洮王元愉之子元宝炬为帝，史称西魏。公元 551 年，元宝炬去世，皇太子元钦嗣位。公元 554 年元钦被害，宇文泰立元宝炬第四子元廓为皇帝。时宇文泰推动胡化运动，复元姓为拓跋，元廓更名拓跋廓。公元 556 年宇文泰病逝，宇文泰侄宇文护掌权。公元 557 年正月，宇文护迫恭帝拓跋廓禅让给宇文觉，西魏亡。西魏辖今湖北襄樊以北、河南洛阳以西原北魏统治的西部地区。西魏历 3 帝，共 23 年，都长安，公元 557 年初被北周取代。

事实上，西魏从建立到灭国，皇帝生杀废立、政策制定施行，均出自宇文泰。处在由乱到治转折点的宇文泰，能够在纷繁复杂的历史条件下，顺乎历史发展潮流，以弱制强，转弱为强，南清江汉，西克巴蜀，北控沙漠，为之后的北周王朝奠定基础。宇文泰颁行的官制、兵制、选官等制度，更为隋唐政治制度之本源，宇文泰也堪称中国历史上继北魏孝文帝元宏之后的又一位少数民族杰出人物。

宇文泰祖上出自南匈奴，后融入鲜卑族，号宇文部。前燕文明帝慕容皝灭宇文部，所余部众归慕容氏诸燕，之后随着后燕败于北魏而归北魏，不久被徙居武川（今内蒙古武川西）。公元 526 年正月，怀朔镇镇兵鲜于修礼率北镇流民举事，宇文泰全家参与其中。路途遭遇政府军，宇文泰父宇文肱及两位兄长宇文颢、宇文连阵亡，宇文泰与另一兄长宇文洛生幸免于难，入鲜于修礼军中。鲜于修礼去世，宇文泰加入葛荣军，被任为将帅。葛荣失败，尔朱荣畏惧宇文兄弟才华，网罗罪名诛杀宇文洛生。宇文泰慷慨陈述，解除尔朱荣戒心，方免遭于难。宇文泰父宇文肱与尔朱荣部将贺拔岳关系甚密，于是，贺拔岳收宇文泰于麾下。公元 530 年春，尔朱荣以尔朱天光为主帅，贺拔岳和侯莫陈悦为副帅，率兵镇压关陇起义军。宇文泰随贺拔岳入关，因功累迁至征西将军、金紫光禄大夫，增邑三百户，加直阁将军、行原州事。

公元 532 年高欢灭尔朱氏，拥魏孝武帝元修即位，自揽朝政的高欢任贺拔岳为关西大行台。贺拔岳任宇文泰为行台左丞、领府司马，加散骑常侍。为牵制专擅朝政的高欢，元修密秘联络贺拔岳。贺拔岳派宇文泰前往晋阳探察高欢，宇文泰断定高欢有不臣之心。返回军中后，宇文泰劝贺拔岳效齐桓晋文安抚周室之举辅佐魏室，以好称霸天下。贺拔岳遂派宇文泰赴洛阳密见元修，元修大喜，加宇文泰为武卫将军。公元 533 年八月，元修授贺拔岳为都督雍、华等二十州诸军事、雍州刺史。贺拔岳以牧马为名，引兵西屯平凉（今甘肃华亭西），以宇文泰为使持节、武卫将军、夏州刺史经营夏州（今内蒙古乌审旗南白城子）。宇文泰抚慰流民，结交豪强，收编散勇，很快控制了夏州局势。

公元 534 年，贺拔岳被侯莫陈悦谋杀。在三军惶惶无主之时，宇文泰即刻赴凉州，接管贺拔岳部指挥权，击败侯莫陈悦，立足关陇，进据长安，上表元修，再次表明自己心存魏室。元修遂下诏以宇文泰为大都督。十一月，宇文泰平定秦、陇，元修以宇文泰为侍中、骠骑大将军、开府仪同三司，关西大都督，成为北魏仅次于高欢的强权人物。公元 534 年五月，元修欲起兵伐高欢，为声援元修，宇文泰遣大都督梁御率步骑五千屯于黄河、渭水合口处，令秦州刺史骆超、大都督李贤各领精骑一千赴洛阳。同年七月，元修不敌高欢，遂从洛阳率轻骑入关，迁都长安，加授宇文泰大将军、雍州刺史，兼尚书令。同年十月，高欢另立魏孝静帝元善见即位，迁都于邺，史称东魏。

元修徙长安，政令出自宇文泰，元修不悦，不满之情难掩。同年十二月，宇文泰毒杀元修，次年正月立元宝炬为帝，改元大统，史称西魏，北魏由此分裂为东魏、西魏。

之后高欢宇文泰多次交战，宇文泰深知国力兵力不及高欢，但宇文泰通过强化军纪，鼓舞士气，精心谋划，亲赴点阵，往往能够以少胜多。公元537年春，东魏攻潼关，宇文泰率精锐出潼关攻其不备，大败东魏军，东魏大将窦泰自杀。同年秋间，东魏十万人进至沙苑（今陕西大荔南），宇文泰以不足万人俘敌七万，获得大胜。公元543年二月邙山之战，宇文泰率军黑夜登山进击，高欢措手不及。公元546年九月，高欢亲率十万大军围攻西魏玉壁（今山西稷山县西南），一心要拔除西魏安在汾水下游的钉子。西魏并州刺史韦孝宽镇守玉壁，高欢先后采用断水道、火攻、挖地道等战术，围城五十余日，死亡士卒七万多，未能攻下玉壁，最后智困力竭，以至愤恚成疾，转年正月去世。自此，西魏扭转劣势，与东魏势均力敌。

高欢子高澄即位后，与手握重兵的侯景不和，欲夺其兵权，侯景以河南十三州之地降于西魏。宇文泰接受侯景投降，同时又对机诈权变的侯景十分谨慎。侯景转而投归萧梁，酿成惨无人道的侯景之乱。在平定侯景之乱的过程中，萧氏兄弟争夺帝位，相互残杀，宇文泰乘机夺得汉东、益州、襄阳（今湖北襄樊）等地，控制了长江上游和汉水。侯景败亡，梁武帝第七子萧绎在江陵（今湖北江陵县）称帝。曾经称臣的萧绎挑衅西魏，要西魏归还以前所占土地，宇文泰命于谨、宇文护等率步骑五万，于公元554年九月进攻江陵。十一月城破，弑杀萧绎，驱江陵十余万百姓归关中，同时收梁朝雍州诸郡归西魏，将疆域扩展到今四川、湖北一带。

宇文泰在官制方面，于公元556年正月推出一套由汉族士人苏绰、卢辩依据《周礼》制定的新官制。这套新官制抛弃魏晋以来的官职名号，仿《周礼》设立六官，并参照秦汉官制使用。同时将地方人事权收归中央，规定五品以上官员由皇帝下诏除授，六品以下由吏部任命；恢复地方军政分治，规定郡县长官由外地人担任，县令以下官吏三年一调，不得连任。仿汉监察制度，设司隶台大夫、别驾、刺史等监察大员，分别巡察各地，按六条问事。用人方面唯贤是举，不限资荫，只要德才兼备，出身微贱亦可身居卿相，保证了西魏吏治较为清明，也为大批汉族士人进入西魏政权开辟了道路。法律方面主张不苟不暴，官吏犯法一视同仁，任秦州刺史的宇文泰内兄王世超，因骄横州县而被赐死。

宇文泰于公元 535 年颁布二十四条新制，后又增加至三十六条，主要内容为严禁贪污、裁减官员、地方基层组织族、闾、保立正长、实行屯田。关中大族出身的苏绰把汉族封建统治经验总结为"清心，敦教化，尽地利，擢贤良，恤狱讼，均赋役"六条，宇文泰作为施政纲领颁行。宇文泰对军队统辖系统进行改革，形式上采取鲜卑旧时的八部制，立八柱国，实际统兵的六个柱国大将军下有两个大将军，共十二大将军；每个大将军下有两个开府，共二十四开府；每个开府下有两个仪同，共四十八仪同。

经济方面西魏积极劝课农桑，奖励耕植，恢复均田制，使由于土地兼并、战乱、天灾而丧失土地、流落他乡的农民重新获得土地。西魏均田制的授田、租调和北魏虽有差异，但变化不大，役制上服役年龄从北魏时的十五岁改为十八岁；服役时间则根据年成丰歉而定，丰年不超过一个月，歉年不超过十天，使役期大为缩短；人数上则规定每户农家只限一人服役，避免多用民力，妨碍农业生产。宇文泰还规定每年岁首，州县长官必须督促百姓就田，务必不失农时。如此一来，西魏经济得到发展，农民仓廪充实。西魏手工业也有一定发展，冬官之下设有工部、匠师、司金、司水、司玉、司织等 50 多个部门，一些官营手工场规模巨大，夏阳诸山铁冶拥有工匠 8000 人；一些工艺品制造技术已经达到相当高的水平。

西魏时期以儒家学说为主，既去除鲜卑族的一些落后习俗，又摒弃风靡一时的空谈玄理、崇佛论道风习；京师长安设立国子学，拜儒学大师卢诞为国子祭酒，通过学校教育，培养具有儒家思想观念的人士作为政权支柱；根据先秦典籍《尚书》中的《大诰》一文格式，制定《大诰》一篇，作为文章的样式，公元 545 年宣示群臣，明令文章皆须依此体，力图矫正浮华文风。六条诏书颁行后，宇文泰令各级官吏学习背诵，规定凡不通六条及计账之法者不能为官，保证了这些措施的实施，刷新了西魏一代政治。

西魏石窟文化以敦煌第 249 窟为代表，尤以窟内壁画中浩浩荡荡的飞天伎乐为盛。这些飞天舞女神态活现，舞姿流畅，裙带飘逸，为难得的艺术精品。

1. 文帝元宝炬

公元 535 年正月初一，原北魏大臣宇文泰立北魏孝文帝元修孙、29 岁元宝炬为帝，都长安，史称西魏。

元宝炬生于公元 507 年，祖父为北魏孝文帝元宏，父亲京兆王元愉，母亲杨氏。在元宝炬出生的第二年，其父元愉宣称得到密报，说宣武帝元恪被高肇杀害，于是，元愉在冀州举行祭天大礼，宣布自己即皇帝位。不久，元愉兵败被擒，自缢而亡，杨氏生下遗腹女元明月后也被处死。元宝炬及其兄妹都被抓起来，幽禁于宗正寺，直到元恪去世，他们一家才得以重获自由，归附宗室属籍。

元宝炬从此发愤读书，加之一表人才，深受孝明帝元诩喜爱，并被元诩拜为直阁将军。时胡太后临朝摄政，大权独揽。胡太后宠信奸佞，秽乱宫禁，引起皇族宗室普遍不满，元诩也不甘胡太后摆布，于是同元宝炬密谋诛杀胡太后。不料事情败露，元宝炬被革去官职。公元532年孝武帝元修继位，拜元宝炬为太尉，加任侍中；公元533年进位为太保、开府、尚书令。

公元534年元修与权臣高欢决裂，以元宝炬为中军四面大都督，领兵与高欢对峙。高欢带兵从晋阳南下，元修率众入关中投奔宇文泰。后来高欢攻下洛阳，立清河王元亶子元善见为帝，迁都邺城，史称东魏。元宝炬随元修入关，被授任太宰、录尚书事。元修以宇文泰大权独揽，忿然之情难抑，加之自身闺门无礼，堂姐元明月即大受宠幸，封为平原公主。丞相宇文泰使元氏诸王杀害元明月，元修更加忿忿不平，与宇文泰矛盾日渐激化。同年十二月，宇文泰鸩杀元修，立元宝炬为帝，建立西魏政权。元宝炬称帝后，立乙弗氏为皇后，长子元钦为太子，封宇文泰为丞相、安定公。不久，进宇文泰为都督中外诸军事、录尚书事、大行台，改封为安定郡公。

当时西魏北边柔然强盛，对西魏构成极大威胁。为缓解军事压力，宇文泰劝元宝炬纳柔然头兵可汗阿那瑰之女为皇后，以结好柔然。元宝炬皇后乙弗氏生性节俭，为人仁恕，帝后二人情爱甚笃。在宇文泰劝说下，元宝炬无奈为社稷计，于公元538年二月废乙弗氏。三月，立柔然公主郁久闾氏为皇后。郁久闾氏性情极妒，不满乙弗氏住在都城。元宝炬派遣武都王元戊为秦州刺史，与母亲乙弗氏一同离京。公元540年春天，柔然仍不容乙弗氏还在人世，再次大举南侵，元宝炬只得忍痛赐31岁乙弗氏自尽。同年，年仅16岁的郁久闾氏难产而亡。

西魏建立初期，危机重重，不光国土狭小、经济脆弱，而且北有柔然，南有梁朝，东有东魏，处于四面包围之中。元宝炬尽力配合宇文泰实行改革，以富国强兵，振兴关中。在丞相宇文泰的主持下，吸收汉族知识分子从政，破格提拔苏绰为大行台右丞，总管国家财政、农业及朝廷枢密事务。苏绰锐意推行新政，在全国范围内进行人口普查，实行租赋预算的方法平均赋役；大量裁减不称职的官员；在全国推行均田制，集中力量发展农业生产。新政的实行，激活了西魏的经济，增强了国力，使西魏具备了与东魏抗衡的条件。

在与东魏的对峙中，由于宇文泰足智多谋、指挥有方，西魏多次以少胜多，转败为胜。公元537年十月，东魏高欢亲率10万大军分三路攻打西魏，宇文泰以1万精兵迎战。两军在沙苑（今陕西省大荔县南）展开激烈战争，最终宇文泰一举打败高欢，东魏经此一战后元气大伤。宇文泰乘胜东进，占领了山西、河南等地大片土地。之后，宇文泰在军事上推行了府兵制，在全国设立8个柱国大将军，自任最高统帅。这一制度的实行，有效提高了西魏军队的战斗力。

虽然，元宝炬只是一个名义上的皇帝，但他仍以国家为重，能与宇文泰默契配合，使西魏很快强盛起来，也算明智而有功绩。公元551年三月初六日，元宝炬病逝，其在位17年，终年45岁。

2. 废帝元钦

公元551年三月六日，13岁太子元钦即皇帝位。元钦为西魏文帝元宝炬长子，母亲乙弗氏，生于公元525年。公元535年元宝炬即皇帝位，立长子元钦为皇太子。在此之前，聪明可爱的元钦深得宇文泰赏识，7岁开始一直跟随宇文泰行军打仗，这段经历塑造了元钦勇猛果敢的性格。在元钦成为皇太子不久，宇文泰将女儿宇文云英许配给他。宇文云英品德端淑，深受元钦喜爱，两人情趣相投，十分恩爱。元钦当皇帝后，也没有另置嫔妃，成为中国历史上真正一夫一妻的皇帝。公元 551 年，元宝炬病逝，太子元钦继承皇位。

元钦在位时期，西魏继续推行均田制；公元 550 年，宇文泰在军事上实行府兵制度。府兵前身是由贺拔岳的武川军团、侯莫陈悦军团中的李弼军团以及随元修入关的北魏宿卫禁旅组成，随着拓跋族的汉化改革，这些鲜卑化军队不满地位和待遇下降而发动六镇兵变，竭力主张恢复原来的部落关系。宇文泰借此情绪，采用鲜卑族原有的部落组织作为编制新军的蓝本，对军队进行统一指挥和训练，强化将领与士兵间的结合，以提高府兵战斗力。宇文泰还颁行六条诏书作为施政纲领，并组织中下级官吏学习，规定通晓六条及计账方法者方可为官。经济方面手工业得到一定发展，较之北魏，手工业分工更为详尽，一些官营手工场规模巨大，许多工艺品制作精美。

元钦在当皇太子期间，一直看不惯父亲元宝炬甘当傀儡皇帝的行为。自己成为皇帝以后，更不甘受人摆布。而此时朝廷大权仍然掌握在宇文泰手中，元钦仅有皇帝名分而已，不少元氏宗亲也对此忧愤不平。公元 553 年，宇文泰见西魏逐渐兴盛，遂假意还政。二月，宇文泰辞去丞相、大行台等职务，只担任都督中外诸军事。对此，元钦并不满意。而就在此时，尚书元烈谋杀宇文泰的计划被发觉，宇文泰处死元烈。元钦在元烈死后，也加紧密谋，打算诛杀宇文泰。公元554年，元钦因实力不够，于是将计划告诉临淮王元育、广平王元赞两位皇亲。两位王爷惧怕宇文泰，劝谏元钦不要盲动。元钦急于除掉宇文泰，不但未听两位王爷的劝阻，反而去找宇文泰的另外三个分掌禁军的女婿李基、李晖、于翼商量，企图联合他们发动政变。三人听后迅速报告宇文泰。宇文泰于当年二月废元钦，将元钦幽禁在雍州。同年五月二十五日，宇文泰鸩杀元钦。元钦去世，痛不欲生的宇文云英选择自尽，成为中国历史上心甘情愿为皇帝丈夫殉情的第一位皇后。元钦在位4年，终年30岁。

3. 恭帝拓跋廓

公元554年正月，宇文泰废元钦，立元钦叔父、18岁元廓为帝。宇文泰逼元廓废除年号，逼皇族放弃汉姓而改回"拓跋"。拓跋廓为文昭帝元宝炬第四子，废帝元钦异母弟，生于公元537年，母亲不详。公元550年，元廓以皇子受封为齐王。公元554年正月，宇文泰废元钦，立元廓为帝，宇文泰自封太师、大冢宰，大权尽揽。

此时的宇文泰，再也不满足做一个权臣。于是，宇文泰采取一系列措施为登基夺位做准备。首先，宇文泰降爵拓跋宗室诸王为公；把皇族姓氏改回拓跋氏，同时规定以前所有改为汉姓的鲜卑族一律恢复旧姓，并且给部分汉族文武官吏改易鲜卑姓；公元554年九月，梁元帝萧绎侄萧詧投西魏，请求出兵攻击萧绎，宇文泰命于谨、宇文护等率步骑五万进攻江陵，十一月破城弑杀梁元帝，掠江陵百姓十余万口驱归关中，同时将梁朝雍州诸郡收归西魏；宇文泰趁梁朝内乱，又率兵攻下上津、魏兴西地，招降剑阁以北地区，随后攻下成都，西魏疆土不断扩大，宇文泰功绩如日中天；宇文泰召集群臣以讨论为名，立三子宇文觉为世子；公元556年四月，宇文泰浩浩荡荡前往北方视察，八月渡北河（今内蒙古境内乌加河），九月还至牵屯山（今宁夏固原县西）身患重病。深感不久于人世的宇文泰，嘱咐侄宇文护一定择机扶持世子宇文觉为皇帝。十月初四日，50岁的宇文泰去世，宇文护嘱拓跋廓封宇文觉为太师、大冢宰、袭封安定郡公；不久，进封宇文觉为周国公。同年十二月，宇文护威逼拓跋廓禅位给宇文觉。宇文觉降拓跋廓为宋公，寄居大司马宇文护府。一个月后的公元557年二月二十五日，宇文护鸩杀拓跋廓。拓跋廓在位3年，终年21岁。

四、北齐

（550 年—577 年）

北齐为中国南北朝时期的北朝政权之一。东魏权臣高欢次子高洋，于公元 550 年五月代东魏称帝，国号齐，建都于邺，史称北齐。北齐继承东魏地盘，据有今黄河下游的河北、河南、山东、山西及苏北、皖北的广阔地区。同时与北齐并存的王朝还有西魏、取代西魏的北周和萧梁、取代萧梁的南陈等。北齐经 6 帝，历 28 年，都邺，公元 577 年一月亡于北周。

北齐实际为北魏后期及东魏时期的权臣高欢创建。北魏末年，高欢清除尔朱氏势力，尽揽北魏大权。公元 534 年，高欢逼北魏孝武帝元修奔长安投靠宇文泰，高欢在洛阳立孝静帝元善见，迁都邺城，建立实际由自己控制的东魏。高欢去世，长子高澄掌控朝政。公元 549 年四月，元善见封高澄为齐王、相国、参拜不名、剑履上殿。正在高澄紧锣密鼓篡夺皇位之时，早年仇家一个叫兰京的厨师抓住机会，将高澄乱刀砍杀。高欢次子高洋迅速出手，平定局势，继揽大权。次年五月，高洋逼东魏孝静帝元善见禅让称帝，建立北齐。

高洋初即帝位，谨慎执政，成就不凡。然后期生活荒淫，草菅人命，折腾国家，折腾人民，也折腾自己，让生命终止在 31 岁。高洋临终前，委托六弟高演辅佐长子高殷继位。位高权重的高演于公元 560 年发动政变，废高殷为济南王。次年，17 岁的高殷被杀。26 岁篡夺帝位的高演长于政术，国有起色，岂知翌年重病不起。为保儿子高百年性命，避免自己杀侄继位的惨剧再来一回，高演无奈直接传位于九弟长广王高湛。高演舍其皇统的一番苦心，在高湛面前无济于事，其子高百年仍然被高湛所杀。高欢第九子高湛昏庸无能，沉湎美色，不思国事，北齐岌岌可危。公元 565 年，荒淫的高湛传位于太子高纬，自任太上皇专事淫乐，但终因酒色过度，32 岁去世。高纬胡作非为、吝啬淫乱，政治腐败，在北周大军碾压之下，自毁长城妄杀干吏能将，被北周武帝宇文邕逼至邺城。慌乱之中，高纬禅位于 8 岁皇太子高恒。宇文邕围攻邺城，齐军败走，高纬率百骑东逃。情急之中，逃至济州的高恒遣人持玺绂送至瀛州，声称禅位于任城王高湝。宇文邕派尉迟勤追击高纬和高恒至青州，高纬、高恒率十余骑仓促南逃，欲奔南朝陈，在南邓村被周军俘获，北齐亡。

北齐建国初期，与北周关系比较平稳。北齐抓住时机集中兵力向南北扩张。公元552年开始连年出塞，伐库莫奚，俘获甚众。公元553年大败契丹，掳获10余万口，杂畜数百万头。次年击败山胡，后又连续大败柔然，自幽州至恒州筑长城达900余里。连年虏获大量人口和牲畜，增强了北齐国力。南朝萧梁侯景之乱后国势骤衰，公元552年北齐剑锋南指长江，后曾两度兵临建康城下，将疆土扩展至淮南，隔长江与陈朝对峙。北齐孝昭帝高演参预朝政较早，政治经验比较丰富，在废高殷即位后独揽朝政，积极寻求及任用贤能为朝廷效力，关心民生，轻徭薄赋，并下诏分遣大使巡省四方，观察风俗，问人疾苦，考求得失，并亲征北讨库莫奚，北出长城，驱虏奔遁，分兵致讨，大获兵民和牛马，一时文治武功兼盛。

值得一提的是，最无法律意识的北齐王朝，却留给后世一部著名的《北齐律》。喜怒无常、荒淫残暴的高洋在执政期间，命冀州封氏家族著名律学家封述以及崔暹、李洋、魏收等人，全面总结汉魏以来历代王朝的立法经验，简化法典结构，锐意创新，制定了《北齐律》12篇949条，将《刑名》和《法例》合并为《名例》，作为总则放在律典篇首；确立的"重罪十条"，成为后世"十恶"的起源；规范了刑罚，确定了死、流、徒、杖、鞭等五刑体系，细化了其中的执行标准。这部承上启下的重要法典，成为隋唐律典的蓝本。公元558年春，高洋下诏规定全国仅限仲冬一月可以燎原，他时不得行火损毁昆虫草木，这条通过"禁烧"保护草原和地表植被的诏令，成为出自政府层面较早的环保规定。北齐继续推行均田制，规定京师邺城周围三十里内的土地，全部作为公田，按照级别授给原代京旧户迁入洛阳的各级官吏和羽林虎贲；三十里外百里以内的公田，则授给相应级别的汉族官吏及汉人充当的羽林虎贲；里以外的州郡推行均田制。北齐农业、盐铁业、瓷器制造业也较有起色。

北齐史学家魏收修撰的一百二十四卷国史《魏书》，记载了鲜卑拓跋部早期至公元550年北齐取代东魏这一阶段的历史，较为详尽地记叙了政治、经济、文化、军事等社会生活各个领域的情况；书中多达二十卷的《志》，在纪传体史书中开了先河；《刑罚志》记载司法制度的同时，如实记录了一百三十多次的各族人民起义；《食货志》详细记述了北魏的均田制，成为后人研究北魏土地制度的可贵材料；首创的《释老志》，记载了佛道两教在中原地区的传播及变革情况，后世称其为中国佛教简史。北齐的佛寺洞窟中，保存有中国史上最精致的佛像；河北省邯郸市响堂山佛教石窟的石刻雕像、彩绘壁画，具有非常高的艺术价值。位于今山西太原晋祠王郭村的娄睿墓，出土的北齐壁画技艺精湛、涉猎事物浩繁，为衡量北齐绘画发展水准、研究北齐音乐、服饰、内廷、丧葬等礼仪制度的重要例证，亦是北朝中原地区壁画艺术的卓越代表。双色以上的釉色陶器、白胎陶器在北齐也有良好的创新和发展，河南洛阳一带出土的北齐相州窑青瓷，被藏界奉为北方青瓷之祖。

　　但总体而言，北齐诸帝荒淫无朝可比，佞臣之多冠绝古今，以至连他们各自的宠物狗马鸡鸟都加官封号，皇帝还把地方官职分赐给宠臣，任他们出卖敛财；至于帝王后妃在内宫的乱象，更是难以落笔，因此被后世称为禽兽王朝。而荒淫残暴的结果，在致使百姓水深火热苦不堪言的同时，皇帝自家也无一幸免。北齐前后六主，平均年龄仅 22 岁，其中最为"高寿"的武成帝高湛，32 岁就撒手人寰。

1. 文帝高洋

　　公元 550 年五月十日，东魏齐王高洋逼退孝静帝元善见而自立为帝，国号齐，史称北齐。高洋生于公元 529 年，为东魏权臣高欢次子，母亲娄昭君。高洋幼时其貌不扬，沉默寡言，但聪明过人。初封太原郡公，累迁尚书左仆射、尚书令、中书监、京畿大都督。公元 549 年，总揽东魏朝政的高洋兄高澄被刺杀以后，东魏孝静帝元善见直呼天意，认为终于有了亲政的机会。可是，年仅 21 岁的高洋挺身而出，一方面指挥卫队捉拿刺客，一方面亲理朝政，很快平息了混乱，控制了东魏局势，逼迫元善见封自己为使持节、丞相、都督中外诸军、录尚书事、大行台、齐郡王，食邑一万户；不久又进封自己为齐王，食邑十万户；后升任相国，食邑二十万户，加九锡。

高洋逼元善见为自己筑就篡位台阶后，便回到晋阳与其心腹高德政、徐之才、宋景业等筹划废元善见自立事宜。做好一切准备以后，高洋于公元 550 年率领 10 万大军杀向邺城，派司空潘乐、侍中张亮、黄门侍郎赵彦深等人，逼元善见在禅位给丞相高洋的诏书上画押，高洋即皇帝位，定都邺城，国号大齐。

高洋执政前期，修政为民，整顿吏治，加强兵防，任用汉人杨愔等改定律令，使魏晋以来的刑律由繁化简，便于执行，并为后世留下一部完整优良的法律样本。高洋执法严格，有一年邺城大旱，许多百姓无粮可食。高洋命皇后弟李长林打开国库赈济灾民。后来得知李长林克扣赈灾粮食，便立即下令将李长林斩首示众。终因许多大臣求情，高洋也仅免李长林一死，但仍将他削职为民。高洋采纳大臣建议改革官制，削去州、郡建制，裁减全国官吏几万人，贪污腐化现象也大大减少，农民们的负担有所减轻。高洋还采取各种措施发展经济，使北齐的农业、盐铁业、瓷器制造业都有所发展。为防止北方游牧民族侵扰掠夺，每到农闲季节，高洋征调民工修筑长城，加强防务，稳固边疆。尤为值得一书的，是高洋具有生态保护意识，接连下诏"限仲冬一月燎野，不得他时行火，损昆虫草木"；"夏四月庚午，诏诸取虾蟹蚬蛤之类，悉令停断"；"乙酉，诏公私鹰鹞俱亦禁绝"。高洋即位当年，西魏宇文泰以年少高洋治国无略为由，趁机亲率大军进攻北齐。高洋处乱不惊，联合六州鲜卑，为宇文泰举办了一场大规模军事表演。宇文泰见齐军军容严整，将士剽悍，不敢轻易向东，只好班师回朝。后来，高洋又出兵进攻柔然、契丹、高丽等国，均大获全胜。公元552年，北齐兵锋南抵长江；公元555年，武力送降将南梁宗室萧渊明入建康即帝位，萧渊明随后被陈霸先所废，北齐军曾渡长江占领石头城；公元557年，北齐军南下至建康附近，扩展疆土至淮南，终与陈朝以长江为界。经过一系列改革发展，北齐边境稳定，经济恢复，逐渐强盛。

高洋执政六七年后，随着国家逐渐安定，开始由勤勉转入懈怠，并且迅速走向荒淫、暴虐，直到毫无人性。高洋动用三十万民夫，在都城修筑极尽豪华的三台宫殿，大肆耗费民力国财。高洋整日不理朝政，沉湎酒色，经常做出非常怪异惊人之举：有时涂脂抹粉，着女装招摇过市；

有时披头散发，赤身裸体，趾高气扬漫步朝堂；有时随意闯进民宅，侮辱妇女，杀害良民。高洋有一嫔妃薛氏，容貌倾城，高洋宠爱有加。一天，高洋在薛氏房间喝酒，突然想起薛氏曾与昭武王高岳有过暧昧关系，一时怒火中烧，拔出匕首杀害薛氏，之后将其肢解，用薛氏腿骨做成琵琶，整日抱在怀中边弹边唱。

高洋在北齐的金銮殿上，专门设下铁锅刀锯，每逢酒醉，必须杀人。而高洋从早到晚都在大醉之中，所以从早到晚，动辄就要杀人，每天都有官吏亲信、宫女宦官惨死高洋刀下。后来，司法部门将判决死刑的囚犯送到皇宫，供高洋不时杀人所用。如此仍然难以满足高洋杀人嗜好，遂将拘留审讯被告称为"供御囚"，遣送入宫待杀。即便高洋出巡，"供御囚"也紧随御辇，以供皇帝杀人尽兴。一天，高洋突然想起幼年时，宰相高隆之好像对己不曾礼貌，立刻下令杀掉高隆之，又将高隆之二十多个儿子唤到御前，指挥卫士群刀齐下，可怜高隆之的二十多个儿子人头满地翻滚。公元559年，高洋想起自己已经代魏自立多年，北齐国中还有大量北魏皇族元氏存在，为了斩草除根，遂下令将姓元者全部杀死，尸体被抛进漳河，使沿河渔民终年不敢打鱼。

借酒装疯充分暴露荒淫残暴本性的高洋，于公元559年十月身患重病。自知不久于人世的高洋，召李皇后及六弟常山王高演嘱托后事。高洋向皇后深表太子年幼、恐被他人夺位的担心；然后请求掌有重权的高演即使日后夺权，也请手留情，千万给自己的儿子留一条命。为防止篡位之事发生，高洋诏令尚书令、尚书左仆射等人辅佐幼主高殷。安排好这一切之后不久，高洋于公元 559 年十月十日病逝。高洋在位 10 年，终年 31 岁。

2. 废帝高殷

公元 559 年十月十九日，15 岁太子高殷即皇帝位。高殷生于公元 545 年，为文宣帝高洋嫡长子，母亲李祖娥。公元 550 年六月，6 岁高殷被立为皇太子。最初，高洋诏令国子博士李宝鼎做高殷的师傅。李宝鼎去世，再诏国子博士邢峙做侍讲。高殷天资聪颖，能够很快掌握儒家经义，这与轻视汉人、敌视儒经的父亲高洋大为不同。公元 556 年，在宫廷的一次儒经辩论会上，高殷表现十分出色，展现了很深的儒学功底。公元 558 年，高洋外出晋阳巡视，高殷在都城监国期间，召集诸多儒生举行《孝经》讨论会。高殷温裕开朗，遵从儒学，博涉群书，观览时政，有很好的修养。但高洋认为高殷太过儒雅，不似自己霸气，一次高洋登临金凤台，命令太子高殷亲手诛杀囚犯。高殷心生怜悯，面露难色。高洋恼羞成怒，扬起马鞭狠狠抽打高殷，直打得遍体鳞伤。高殷受此惊吓，很长一段时间心悸口吃，精神恍惚。为此高洋想废掉高殷，改立次子太原王高绍德为太子，但在杨愔等大臣劝阻下，一直未能实行。

公元 559 年十月，文宣帝高洋去世。十月十九日，皇太子高殷在晋阳城宣德殿即位，令杨愔、燕子献、宋钦道一同辅政。高殷即位后，励精图治，关心民生，在杨愔等人辅佐下进行改革，派出使臣巡查四方，访求政事得失，询问百姓疾苦；下诏减轻徭役，停止营建宫舍；整顿吏治，将无才无德，靠贿赂、奉承谋得官爵者全部罢免；同时下诏给全国 70 岁以上的军人授予名誉职位，60 岁以上的军官以及重病不能胜其职者，则一律清退，留下和补充精壮，军力大增。这些改革措施促使北齐政治走向清明，经济迅速发展，军事实力也不断增强。不过，如此举措也触犯奸了佞权贵的个人利益，一些被黜免的佞幸之徒投靠到常山王高演、长广王高湛手下，加之太皇太后娄昭君对二王的暗中支持，高殷及杨愔等与太皇太后及高演、高湛的关系日益紧张。

高洋临终前，请求高演如果篡位一定不要杀害高殷。当时高演听后大惊失色，诚惶诚恐。而高洋去世，高演一直忙于培植自己势力，等待时机成熟夺取皇位。对于高演的不臣之心，高殷、杨愔、尚书左仆射平秦王高归彦等人十分清楚。于是，他们秘密商议外任高演、高湛为刺史，以加强皇权，推行政令。不料高归彦权衡利害，认为高殷年幼，势孤力单，因而背叛高殷，将密谋报告于高演、高湛。高演、高湛勃然大怒，利用前往尚书省拜职赴任的机会，率兵将杨愔等人捕杀。高殷猝不及防，在二王兵临城下的态势下，只能下诏封高演为大丞相，都督中外诸军、录尚书事。自此，一切军政大权归于大丞相高演。公元560年八月初三日，太皇太后娄昭君下令，废黜年少皇帝高殷为济南王，食邑一郡，出居别宫，高演即位为帝。公元561年九月，高演密令高归彦将高殷杀害。高殷在位2年，终年17岁。

3. 孝昭帝高演

公元560年八月三日，高欢第六子高演联合母亲娄太后、弟弟高湛发动政变，废高殷自立为帝。高演生于公元535年，为高欢第六子、高洋同母弟，母亲娄昭君。高演幼时才智超群，善于谋事。东魏时期父亲高欢掌权，册封高演为常山郡公。北齐建立后，高演被册封为常山王，后历任尚书令、司空、大司马、录尚书事。高洋在位期间，高演深度参预朝政，政治经验逐渐成熟丰富。高洋认为尚书上奏政事前后不一，令高演与朝中大臣先行讨论，明确以后再行陈奏。高演长于政术，分析判断较为合乎情理，很受高洋器重。公元 559 年高洋去世，高演主持料理丧事。太子高殷继位后，任高演为太傅、录尚书，朝中政事多由高演决断。高洋临终时，深忧太子安危，哀示高演帝位可夺，千万不要伤害高殷。高洋此番苦心和请求，并未起到心想的作用，反而提醒高演在政变篡位的道路上加速前进。

公元 560 年，杨愔、燕子献、可朱浑天和、宋钦道、郑子默等人认为常山王高演、长广王高湛威望日隆，担忧皇权受到威胁，请求高殷任命高演为太师、司州牧、录尚书事；长广王高湛为大司马、录并省尚书事，解除京畿大都督之职。燕子献中途卖主，转而向高演告密。同年三月二十三日，高演领军入朝，将尚书令杨愔、领军可朱浑天和、侍中宋钦道、散骑常侍郑子默等斩杀。真正成为孤家寡人的高殷，被迫下诏任命高演为大丞相、都督中外诸军事、录尚书事，军队及国家大事，尽由高演决断。同年八月初三日，太皇太后娄昭君下令，废皇帝高殷为济南王，出居别宫。同日高演在晋阳宣德殿登基，改元皇建。

高演即位后，对北齐内政外交进行了一系列改革。高演分遣大使巡省四方，观察风俗，问人疾苦，考求得失。为更好地执政，高演特令尚书阳休之、鸿胪卿崔劼等人，可以随时进入寝宫，讨论历代礼乐、职官、田市、征税和政治得失，分析选择治国政策中不合当代实际仍在沿袭，或自古以来有利而今废止者，酌情变更或恢复。为了使政治清明，高演礼贤下士，从谏如流，在一次朝会上，高演处死一个犯人，当时有臣进谏说，杀人不应该在神圣的朝堂之上，高演听后马上表示今后不会再有此类事情发生。高演规定，廷尉中丞等执法官吏必须依法量刑，徇私舞弊者将处以死刑。高演下令将 60 岁以上的官奴全部释放，恢复其自由身份；下诏国子寺广招学子，讲习经典，并设置相关官员，进行督课。军事上，高演一方面与北周缓和关系偃兵息武，一方面亲率大军北征库莫奚，出兵长城，获取大批牛马财物。

高演还是一个非常孝顺的皇帝，其母身体不适，为养病移居南宫，高演早晚都要前去侍奉母亲。太后吃饭或服药，高演总是亲自服侍。

北齐建国以来，粮价一直腾升，贡粮转运困难。高演即位后，在黄河南北进行大面积屯田，每年从屯田中收获粮食十多万石，河北等地粮荒问题得到有效解决。为了解决贡粮运输困难，高演又在河北等地设立粮仓储存粮食。经过高演的治理，年旷日久的粮食危机终于得到缓解。

本来，兄长高洋有托，母亲太后有约，说好不杀废帝高殷。而出于政治利害关系，高演于公元 561 年九月派人将高殷杀死。这一事件对比较宽厚的高演来说，一朝亏心事，夜夜鬼叫门。每当想起此事，高演深感后悔，觉得对不起高洋，对不起母后。这种情绪一直缠绕着高演，最终使高演精神恍惚错乱，似乎经常看见高洋及杨愔等人，持剑獠牙杀向自己，声言要为高殷报仇。在太后主持下，皇宫为寝食难安的高演举办一番"驱鬼"的法事活动，并命令太监、仆役个个手持火把，整夜围绕皇帝宫殿站立，以保护皇帝不受侵扰。公元 561 年十月，高演为了散心，与随从一道去郊外打猎。一只受惊野兔窜出树丛，高演坐骑受惊狂跳，高演摔下马背，几根肋骨折断。受伤之后，此前幻象更加频繁，不吃不睡的高演，只顾跪地叩头求饶，病情越发严重。十一月，高演自知不久于人世，着手安排身后皇帝人选。高演本想顺理成章立自己儿子高百年继承大位，又担心九弟高湛步自己后尘谋害高百年。于是，高演干脆立高湛为皇位继承人，并哀求九弟善待他的妻子与儿女。十一月二日高演去世，其在位 14 个月，终年 27 岁。

4. 武成帝高湛

公元 561 年十一月十一日，高欢第九子高湛以兄高演遗诏继承皇帝位。高湛生于公元 537 年，为高欢第九子，高洋、高演同母弟，母亲娄昭君。高湛自幼仪表俊美，神情悦人，深得父亲高欢喜爱。时在怀荒镇任职的高欢，挑选柔然太子庵罗辰之女为高湛订婚。公元 538 年，东魏权臣高欢封高湛为长广郡公；高洋称帝建齐，进爵高湛为长广王，授任尚书令，不久兼任司徒，迁为太尉。公元 560 年与高演合谋，废高殷立高演，高湛升任为太傅、录尚书事、兼任京畿大都督、右丞相。高演常住晋阳，高湛镇守皇都邺城。同年十一月，高演患病，高湛与族侄高元海等人密议，伺机发兵篡位。因占卜巫师言说发兵不吉，高湛才暂停妄动。高演权衡高湛为人，为避免儿子高百年走高殷老路，临终无奈直接传位于高湛。不久高演去世，高湛接受遗诏入继大统。

高湛即位之后，令大使巡行天下，询问行政事务，了解民间疾苦，提拔贤良有才之人，亲临朝堂策试秀才。公元 563 年四月，并、汾、晋、东雍、南汾五州虫旱，高湛遣使赈恤。同年十二月，北周大将杨忠率突厥阿史那木汗等二十余万兵马自恒州分三路攻掠北齐，时大雪连月，平地积雪数尺。北周军队逼近并州，双方在城西大战，北周与突厥军大败，人畜死者无数。

高湛祖辈高归彦，为高欢堂兄弟，被封为平秦王。高归彦善于见风使舵，历经五朝而不败。这次迎立高湛而立大功，被封为太傅兼司徒。自认为功高过人的高归彦，上朝也带三名全副武装的卫士，大臣们竞相巴结讨好，结帮拉派之势已成。公元 562 年二月，高湛免去高归彦的中央官职，派往冀州担任刺史。高归彦一到冀州，即刻起兵造反。一天深夜，高归彦率领精锐骑兵偷袭邺城。高湛闻讯，派大军拦截，围住并活捉高归彦。高湛下令将高归彦押送刑场，将其与子孙 15 人一并斩杀。

成功御敌平叛的高湛，正可以放手治理国家。然而，高湛真正承继的，是其兄高洋荒淫、暴虐和残忍。群臣之中，高湛最宠侍中和士开。和士开先祖为西域胡商，后来留居临漳，定居中原。高湛喜好一种握槊棋戏，因和士开擅长此技而被提拔重用。和士开劝谏高湛说，自古帝王都化成了灰烬，不论尧舜还是桀纣，最终下场没有区别。和士开力劝高湛趁着年轻尽情享乐，高湛深以为然，而且为所欲为，无有边际。公元 564 年五月，天空现出两条彩虹，高湛以为兆告人间会有二主。于是，杀高演太子高百年的决心更加坚定。时高百年书法教师贾德胄，将高百年曾经描写过的数个"敕"字封呈高湛。高湛认为高百年滥用只有皇帝才可以使用的"敕"字，明显有不臣之心，传召高百年入宫后，命打手牵着高百年边走边打，直打得高百年血流成圈。奄奄一息的高百年乞求饶命，高湛仍将高百年斩首。

赵郡王高睿因高孝瑜直言生恨，便在高湛面前谗言，说山东百姓只知有河南王高孝瑜，不知道有陛下，高湛因此忌恨高孝瑜。高孝瑜为高湛同母兄高澄长子，高湛借太子高纬结婚时，特意将高孝瑜灌醉，派娄子彦在送高孝瑜回家的路上，将高孝瑜毒死。高孝瑜三弟河间王高孝琬听说大哥被害，悲恨之下扎个草人箭射泄愤。奸臣和士开听说后禀告高湛，高湛抓高孝琬进宫，亲手杀死高孝琬。

高湛继位后，逼迫同母兄高洋皇后李祖娥与自己私通，李祖娥誓死不从。高湛以杀死李祖娥儿子高绍德相胁迫，使李祖娥怀孕。李祖娥生下女婴后，更加羞愧不已，便暗中将女婴扼杀。高湛知道后，先将高绍德捉进宫残忍杀害，然后脱光李祖娥的衣服凌辱毒打，最后将李祖娥装入布袋扔进水池。

公元565年三月，天空出现彗星，太史官奏称为除旧布新之象。为避祸害，高湛于次月二十四日，派太宰段韶持节奉皇帝玺绶传位于皇太子高纬，自称为太上皇帝，以便更为专心地致力于残暴荒淫。公元568年十二月初十日，高湛病逝，其在位5年，时年32岁。

5. 后主高纬

公元565年四月二十四日，10岁太子高纬继承皇帝位。高纬出生于公元 556 年五月，为高湛次子，母亲胡氏。高纬生来聪明，容貌俊美，高湛特别宠爱。公元 561 年十一月高湛即皇帝位，即于次年正月册立高纬为皇太子。公元 565 年三月，天空出现彗星，太史官奏称当有新帝出现。于是，高湛于四月二十四日禅位于 10 岁太子高纬。从小淹没在皇帝昏庸、奸臣弄权、满目荒淫残暴、糜烂不堪的宫廷环境中，不学无术的高纬，继承了父祖昏暴奢靡的传统，即位后荒淫无道，重用和士开、高阿那肱、穆提婆、韩长鸾、陆令萱、冯小怜等奸佞小人，任由佞幸把持朝政，勾引亲党、公行贿赂，杀害博陵王高济、琅琊王高俨、兰陵王高长恭、丞相斛律光等能将忠臣，为奴婢、宦官、娼优、宠物封官晋爵，干尽荒唐事，败光国家财，祸害一国民，成为历史上名列前茅的昏君之一。

高纬即位时，北齐已经被其父高湛折腾得乌烟瘴气，朝纲紊乱。而高纬认为，当皇帝就应该像父亲一样为所欲为。于是，高纬称自己为"无愁天子"，经常命人演奏《无愁之曲》，有时亲自弹着琵琶疯唱，还命令上千太监、宫女一齐为他伴唱。高纬还在华林园建设贫穷村庄，自己身穿破衣，扮作乞丐在村里居住；又设置穷人市场，专门进行买卖交易；仿照西部边境城邑，建造城池，命卫士着黑衣扮羌兵，摆阵列势，摇旗呐喊，表演攻城，高纬亲自率领近侍抵御，甚至箭射活人。高纬还经常独自出城巡幸，敞襟露怀，披散头发，单马驱驰，直到尽兴。

高纬在位期间，只顾吃喝玩乐，朝政把持在一些佞幸小人手里，一些敢于劝谏的大臣或被罢官，或被诛杀，使朝局腐败不堪。高纬幼时奶妈陆令萱善于献媚，深得胡太后宠爱。高纬即位后，封陆令萱为女侍中。一时之间，奴婢、太监、娼优尽被封官晋爵。高纬皇宫五百宫女，人人被封为郡官，每人赏赐一条价值万金的裙子和价值连城的镜台。高纬在邺都大兴土木，又在晋阳建造十二座宫殿，座座丹青雕刻，巧夺天工。高纬及朝臣嫔妃的宠物牛马鸡狗地位类似大臣，封宠马为赤彪仪同、逍遥郡君、凌霄郡君；晋斗鸡为开府斗鸡、郡君斗鸡等等，为后世留下笑谈和"齐鸡开府"的典故。高纬有个同父异母弟、南阳王高绰，在定州任上恣情淫暴，经常唆使宠物狗群在大街上扑食行人。有人向高纬告发，高纬下令将高绰带到京城。当地官民以为皇帝要处治高绰，便把高绰抓起来，装进囚车押送京师。岂知两兄弟见面，高纬马上去掉高绰枷锁，询问高绰在定州时，有什么事最为开心。高绰建言抓一活人，任蝎子撕咬最为开心。于是，高纬令人连夜搜寻蝎子，第二天一早，就将脱光衣服的奴婢放进蝎子横行的大盆。看着奴婢被蜂拥而上的蝎子蜇得鬼哭狼嚎、凄惨变形，高纬高兴得手舞足蹈，竟埋怨高绰说这么好玩的事，不早点告诉朕。高绰因此功绩，被高纬拜为大将军，日夜陪在宫中寻欢作乐。

高纬共有三位皇后，分别是斛律氏、胡氏、穆氏。前两位先后被废，穆氏原为斛律氏侍婢，被高纬宠幸后立为皇后。为了胜过父亲曾为胡后制作的珍珠裙，高纬要为穆后造七宝车。国中珍珠不够，高纬派出官吏使臣，车载金银满天下购买珍珠。后来高纬宠幸穆后侍婢冯小怜，便整日和冯小怜厮守在一起，就连上朝与大臣议事，也要把冯小怜抱在怀中。

由于高纬长年只顾玩乐，不理朝政，北齐国力大衰，民怨沸腾。北周武帝宇文邕抓住机会，亲率三路大军开始灭齐大战。公元 576 年十月，周军攻打晋州，晋州守将侯子钦、崔京嵩等献城投降，北周军接着占领平阳城。时战斗正酣，高纬却寸步不离宠妃冯小怜。冯小怜认为战争和狩猎一样好玩，看腻狩猎的冯小怜更喜欢看打仗。北周攻占平阳以后，冯小怜怂恿高纬亲自带兵反攻。对冯小怜言听计从的高纬，于十一月率军到达平阳。北周武帝见齐军兵盛，将主力撤出平阳，只留 1 万士兵留守。北周主力撤退后，高纬率军围攻平阳，快要攻下平阳时，因为天色已晚，冯小怜无法看清攻城场面，于是要求高纬停止攻城，等第二天能够看清楚以后再行攻城。昏庸的高纬答应冯小怜要求，真的停止攻城。谁知第二天天色阴暗，冯小怜又以看不清楚为由，要求高纬延后攻城时间。可是，在冯小怜还没有等到最佳观赏攻城天气时，北周援兵已到，高纬一败涂地，退入晋阳。北周武帝乘胜追击，周军直抵晋阳。晋阳城高壕深，非常牢固，城中粮草兵力充足，高纬如果坚守，严冬时节天寒地冻，北周军队很难长久围攻。但为了与冯小怜观光消遣，高纬令人在城中建筑一座天桥，经常与冯小怜漫步天桥之上，遥望城外敌军。不想有一天，这座天桥突然垮塌，冯小怜说这是不祥之兆，深以为然的高纬，居然放弃晋阳率军撤回邺城，拱手将军事重镇晋阳送给北周。

公元 577 年正月，北周武帝率军围困邺城。此时邺城尚有精兵 10 万，而面对越战越勇的北周大军，高纬无心恋战。已经感觉为帝不爽的高纬，突然以父亲高湛为榜样，匆匆禅位给年仅 8 岁的长子高恒。没过几天，北周大军攻破邺城，高纬父子离开邺城逃往青州。途中幼主高恒宣布禅位给远在瀛州的大丞相高湝，并派侍中斛律孝护送禅位文书和玺绂。斛律孝深知昏聩的高氏政权无药可救，便直接将文书玺绂送给北周武帝宇文邕。

北周武帝攻下邺城以后，立即派人向东追捕高纬父子。不久，北周前锋尉迟勤在青州将高纬父子抓获送往长安，北齐灭亡。公元 578 年十月，高纬父子被北周武帝所杀。高纬在位 12 年，终年 21 岁。

6. 幼主高恒

　　公元 577 年正月初一，高恒以太子身份受父皇禅让继承皇帝位。高恒生于公元 570 年，为齐后主高纬长子，母亲穆邪利。高恒出生时，年仅 15 岁的父亲高纬已经即皇帝位 6 个年头。高恒出生不满 100 天，就被高纬立为皇太子。而这时候的北齐，已经腐败到不可救药的地步。

　　公元 576 年十月，北周武帝宇文邕亲率 10 万大军，兵分三路大举进攻北齐，一路攻克晋州、平阳，接在又在高纬无端放弃之后，轻而易举攻下晋阳，于公元 577 年正月威逼邺城。向来为所欲为的高纬，此时深感作为皇帝，已经没有多少乐趣可言，转身将帝位禅让给 8 岁儿子高恒。就这样，懵懂之中的高恒成为皇帝，后世称其为北齐幼主。

　　高恒即位没过几天，北周军队快速迫近。黄门侍郎颜之推、中书侍郎薛道衡、侍中陈德信等劝告高纬赶往河外，广泛募兵，再作打算。如果不能成功，则可以向南投靠陈朝。高纬听从建议，离开邺城向东，渡河逃入济州。幼主高恒眼见北周大军紧追不舍，感到皇帝头衔只是一个累赘，便发布诏书，将皇位禅让给驻守瀛州（今河北河间）的大丞相、高欢第十子、任城王高湝。

高恒退位以后，与高纬一行数十人逃到青州（今山东青州）。正在高恒准备南下投奔陈朝时，高纬多年的心腹宠臣高阿那肱勾结北周军队，里应外合将高恒、高纬一行数十人俘虏，北齐灭亡。

高恒、高纬被解送至邺城，北周武帝宇文邕令人将他们押送至长安囚禁起来。公元 578 年十月，宇文邕以高恒、高纬与宜州刺史穆提婆等人谋反为名，将高恒、高纬等几十名北齐宗室少长全部赐死。高恒在位一个月，终年 8 岁。

五、北周

（557 年—581 年）

公元 556 年十二月，宇文泰侄、西魏大司马宇文护逼西魏恭帝拓跋廓禅位于西魏周国公、宇文泰嫡长子宇文觉，宇文觉以爵号为名，称自己为周天王，建立北周。公元 577 年正月，北周武帝宇文邕灭北齐，结束北方自北魏分裂为东西魏以来的又一次割据混乱局面，再次实现北方统一。北周历 5 帝，共 25 年，都长安（今西安）。公元 581 年二月，北周随国公杨坚受禅代周称帝，改国号隋，北周亡。

公元 556 年，实际掌握西魏政权的宇文泰去世，由 15 岁的嫡长子宇文觉承袭为安定郡公、太师、大冢宰。因宇文泰诸子年幼，宇文泰侄、大司马宇文护掌管西魏国家大政。同年，宇文觉禅位建立北周，宇文护为大司马，封晋国公。宇文觉坚毅有主见，不满宇文护专权。赵贵、独孤信等大臣也不服宇文护一手遮天，于是鼓励宇文觉除掉宇文护。宇文觉便招募武士，在皇宫后园演习擒拿，决定开宫廷宴会时捕杀宇文护。谁知有人向宇文护告密，宇文护先发制人，赵贵被满门抄斩，独孤信被赐死，宇文觉被废黜后毒杀。事后，宇文护迁大冢宰，立宇文泰长子宇文毓为周明帝。宇文毓并不似宇文护所想象的那般懦弱无能，而在处理事务中显露出足够的聪明才干，周围很快集聚起一批老臣元勋。宇文护假意归政，宇文毓照单全收，并把自己名号从天王改成皇帝。这一番大气操作，令宇文护惊惧不安。公元560年四月，宇文护指使亲信厨师在食物中下毒，毒死了宇文毓。尔后，宇文护立宇文泰四子宇文邕为帝，是为周武帝。周武帝宇文邕韬光养晦十多年，终于在公元572年诛杀宇文护亲掌朝政，并于公元577年灭北齐统一北方。公元578年宇文邕去世，子宇文赟继位。宇文赟在位二年，并无建树，荒淫病亡，宇文阐继位，外戚杨坚辅政。公元581年二月，杨坚迫周静帝禅位，北周灭亡。

北周政权的建立，奠基者仍为西魏权臣宇文泰。出自南匈奴、后融入鲜卑族的宇文泰，在北魏末年北疆大乱中，通过投靠北魏名将贺拔岳起家。在尔朱家族覆灭后，贺拔岳拥兵关陇，成为与高欢并立的军事集团首领。贺拔岳被暗中投靠高欢的大将侯莫陈悦杀害，宇文泰接管了贺拔岳的军队，击败侯莫陈悦，成为关陇新主人。后北魏孝武帝元修讨伐高欢失败逃奔宇文泰，不久被宇文泰所杀。

公元 535 年，宇文泰立北魏南阳王元宝炬为帝，建立西魏，成为大丞相的宇文泰独掌朝政，并以西魏为实验田，在治国驭民的各个方面进行了一系列重建和改革。政治上，宇文泰命各衙署采集古今治国经验，拟订治国大纲，颁行二十四条新制；在京师长安设立国子学，拜儒学大师卢诞为国子祭酒，通过学校教育，培养具有儒家思想观念的人士作为政权支柱；奉行以德治教化为主，法治为辅的统治原则，要求各级官吏用儒家学说修身，躬行仁义、孝悌、忠信，恪守儒家道德规范。用人方面宇文泰唯贤是举，不限资荫，只要德才兼备，出身微贱亦可身居卿相，从而打破了门阀传统，保证了西魏吏治清明，也为大批汉族士人进入西魏政权开辟了道路。法律方面宇文泰主张不苛不暴，法不阿贵，官吏犯法一视同仁。军事方面宇文泰改革军制，建立府兵制度，立八柱国，强化军事训练，重视奖励军功。经济方面宇文泰积极劝课农桑，奖励耕植，恢复均田制，减轻赋税徭役。

北周政权建立以后，全面继承了宇文泰的治国方略，特别是周武帝宇文邕，在清除权臣掌握实权以后，又进行多方面改革。兵制方面，宇文邕改称府兵制下的"军士"

为"侍官"，表示府兵是从属于皇帝的侍从，由皇帝亲自统领。在长安设置统领府兵宿卫的机构，原来的六柱国、十二大将军，除被任命带兵出征或充当宿卫将军者外，不再直接掌握兵权，从而松弛了军士对主将的从属关系，削弱了过去府兵部落化的倾向。同时将府兵征募范围扩大到汉人，打破鲜卑人当兵、汉人种地的胡汉分治界限。经济方面宇文邕修改均田和租调等制度，规定已婚男子受田一百四十亩，未娶男子受田一百亩。自十八岁至六十四岁的百姓都要交纳租调，十八岁至五十九岁的百姓都要服役，丰年服役三十天，中等年景二十天，下等年景十天，凶年可免力役。并注意兴修水利，增辟农田，公元562年在蒲州（今山西永济西）开河渠，在同州（今陕西大荔）开龙首渠，以广灌溉，增辟农田。

宇文邕下令禁断佛、道二教，销毁佛经、佛像，勒令僧道还俗。将关、陇、梁、益、荆、襄等地区僧侣地主的寺庙、土地、资产全部没收，使百万僧侣和僧祇户、佛图户还俗，编入国家户籍，增加了国家直接控制的劳动力，相应减轻了一般劳动人民的赋役负担。北周对北方的统一，以及实行和完善的一系列制度、政策，对隋唐盛世的开辟，具有一定的奠基意义。

1. 孝闵帝宇文觉

公元 557 年正月初一，西魏大将军宇文觉以恭帝禅让即位称天王，国号周，史称北周。宇文觉生于公元 542 年，为西魏权臣宇文泰第三子，母亲元冯翊。公元 550 年，年仅 9 岁的宇文觉被西魏文帝元宝炬封为略阳郡公。宇文觉为宇文泰嫡长子，故于公元 556 年三月，15 岁的宇文觉被宇文泰立为安定公世子；四月，西魏恭帝拓跋廓封宇文觉为大将军。同年十月宇文泰去世，在宇文护的主持下，宇文觉承袭太师、大冢宰等职，袭封安定公，不久，拓跋廓又封宇文觉为周公。十二月，在宇文护的逼迫下，西魏恭帝拓跋郭禅位给宇文觉。第二年正月初一日，宇文觉在长安正式即位称天王，国号大周，史称北周。

宇文泰侄宇文护出生于公元 513 年，为宇文泰长兄宇文颢第三子，宇文护比宇文泰长子宇文毓大 22 岁。宇文护 12 岁时父亲去世，公元 531 年，19 岁的宇文护来到宇文泰身边。当时宇文泰儿子年幼，便委托宇文护管理家务，又经常随军转战，东征西讨。宇文泰夸赞宇文护志向气度很像自己，因此得到格外信任和器重。宇文泰去世前，委托宇文护辅佐宇文觉执掌政权。

宇文觉称天王以后，宇文护就任大冢宰，也就是大宰相，掌握全部军政大权。宇文泰临终前的郑重遗命，让宇文护的野心快速膨胀。扶宇文觉上台以后，宇文护更加专横跋扈，这引起了曾经和宇文泰同朝的元老大臣赵贵、独孤信等的严重不满。太傅赵贵密谋刺杀宇文护，与太保独孤信商议，独孤信劝阻赵贵不要妄为。后来有人告发了这件事，宇文护以谋反罪杀赵贵，诛满门；罢独孤信官，不久，又赐死独孤信。

宇文觉很想亲自执政，对宇文护不满的大臣司会李植、军司马孙恒和宫伯乙弗凤、贺拔提等便密谋策划，准备除掉宇文护。于是，招集一批武士在皇家花园习武练拳、演练擒拿捆缚之术。但由于势单力薄，由李植出面拉拢宫伯张光洛，张光洛转身向宇文护告密。宇文护料知这些人难成气候，便未开杀戒，只把为首的李植贬为梁州刺史，孙恒贬为潼州刺史。

宇文觉身边的乙弗凤担心时日一久，剪除宇文护的计划就会成为泡影，便加紧谋划，准备由宇文觉设御宴招待群臣，席间乘机除掉宇文护，此事又被张光洛告密。宇文护便立刻召集柱国贺兰祥、领军尉迟纲商讨对策。贺兰祥等劝宇文护废掉宇文觉，杀其同党。宇文护便派当时掌管禁军的尉迟纲进宫，通知乙弗凤等商议国事。等乙弗凤他们一到，便一个个被活捉生擒。宇文护杀乙弗凤、孙恒等人，派贺兰祥逼宇文觉退位，废宇文觉为略阳公。一个月后，宇文觉被杀，其在位八个月，终年 16 岁。

2. 明帝宇文毓

公元 557 年九月二十八日，宇文护拥 24 岁宇文毓登天王位。宇文毓生于公元 534 年，为宇文泰庶长子，母亲姚氏。宇文毓自幼勤奋好学，聪明过人。15 岁时，被西魏文帝元宝炬封为宁都郡公，开始处理政事；17 岁时又被元宝炬任命为行华州事，不久拜为开府仪同三司、宜州诸军事、宜州刺史。公元 556 年，24 岁的宇文毓被西魏恭帝拓跋廓授予大将军职，镇守陇右。宇文觉称帝建立北周以后，宇文毓进位柱国，转任岐州诸军事、岐州刺史。宇文毓在地方任职期间，为人宽容，励精图治，君臣关系融洽，政绩显著，深受百姓拥护。

公元 557 年，宇文护废黜并杀害宇文觉。此时的宇文护虽然掌握朝政大权多年，但专横有余，谋略有限，羽翼尚未丰满，只好按照老规矩，遣使往岐州迎请宇文毓，并于同年九月二十八日拥立宇文毓为天王。宇文毓聪敏善断，不甘心当傀儡皇帝，在处理政务中显露出智慧和才干，周围也聚集了一批老臣元勋。宇文护有所畏惧，为了试探，于公元 559 年假意请求归政于宇文毓。不想弄巧成拙，宇文毓趁势将权力收回，而封宇文护为雍州牧、太师。公元 559 年八月，宇文毓认为天王不足以威令天下，故正式改称皇帝，建年号武成。对于此番操作，宇文护后悔而怨恨，但木已成舟，只能从长计议。

宇文毓有能力、有主见，亲政以后，自己不用丝绸锦绣雕刻之物，也严禁官吏奢侈贪污，大力提倡节俭。宇文毓为人宽明仁厚，与诸臣相处融洽，很快使北周形成政治清明、经济发展的良好局面。宇文毓本人博览群书，善写文章，在任期间，十分重视发展文化，召集公卿以下有文学修养者八十余人，在麟趾殿校刊经史。又采辑众书，从伏羲、神农以来，直到魏末，编成《世谱》五百卷，对学术文化发展做出了重要贡献。

宇文毓在勤修内政的同时，对外也取得不错的战果。他率兵打退了吐谷浑的进犯，威望不断增加。面对德望日隆的皇帝，宇文护坐立难安。手握重兵的宇文护决定采取措施，夺回曾经拥有的权力。当时，有一个叫李安的人，以厨艺得宠于宇文护，被提升为膳部下大夫，成为宇文护的亲信。公元 560 年四月，宇文护指使李安在皇帝食物中下毒。宇文毓食用之后，鼻口流血，经御医百般治疗，仍不见好转。四月十九日，宇文毓知道重毒难解，于是口授遗诏，传位于四弟鲁国公宇文邕。四月二十日，宇文毓在延寿殿去世，其在位 4 年，时年 27 岁。

3. 武帝宇文邕

公元 560 年四月二十一日，18 岁的宇文邕以明帝宇文毓遗诏即位。宇文邕生于公元 543 年，为宇文泰第四子，宇文觉、宇文毓异母弟，母亲叱奴氏。宇文邕幼年聪慧敏达有气度，宇文泰常夸耀"此子将成我志向"。有父独掌西魏大权，有兄先后北周为帝，宇文邕生来仕途平坦。公元 555 年宇文邕 12 岁时，被封为辅城郡公；公元 557 年三兄宇文觉受禅登基建立北周，拜宇文邕为大将军，出镇同州；同年九月宇文护废孝闵帝立宇文毓继位，十二月迁宇文邕为柱国，授蒲州诸军事、蒲州刺史；公元 559 年宇文邕入朝担任大司空、治御正，进封为鲁国公，兼任宗师。周明帝宇文毓十分亲近宇文邕，朝廷大事多同宇文邕商议。公元 560 年四月，宇文护派人毒死宇文毓，立宇文邕为帝，是为周武帝。

宇文邕即位时，垄断北周实权的宇文护已经连杀两帝，势力培植基本成形，北周政局十分不稳。17 岁的宇文邕为保住皇位，也为心中抱负，更为保住性命，13 年韬光养晦，藏颖不出。公元 561 年正月，宇文邕加封大冢宰、晋公宇文护都督中外诸军事，而且平素极力安抚宇文护。宇文护母亲曾被北齐俘虏，母子分离 35 年，后来北齐将其放回，宇文邕凡赏赐宇文护母亲的物件，一定极尽奢华，价值连城；每到四时伏腊，宇文邕总要率领皇族亲戚，向宇文护母亲行家人之礼。由于宇文邕的尊重和屈从，宇文护明里没有像对待宇文觉、宇文毓时那样跋扈，但暗中却一直在寻找机会，谋划取而代之。

公元564年十一月，宇文护策划发兵攻打北齐，好为自己夺位加分积德。宇文护命蜀国公尉迟迥率大军围困洛阳，齐国公宇文宪于邙山围困齐军，自己率领军队驻扎陕州，兴师动众却大败而归。这次战役的失败，使宇文护在北周的威望大打折扣，相应为宇文邕之后的夺权提供了机遇。

宇文邕吸取两位兄长的教训，表面上任由宇文护专权，暗中却在积聚力量，寻找机会，决心彻底铲除宇文护。公元572年三月十八日，宇文护从同州返回长安，宇文邕以请宇文护劝谏太后戒酒为名，一同去含仁殿拜见太后。在太后宫殿，宇文邕找准机会，举玉珽猛击宇文护头部，宇文护倒地，被埋伏的同谋杀死。随后，宇文邕尽诛宇文护子宇文会、宇文至、宇文静，以及大将军万寿、大将军刘勇等宇文护的亲信。

诛灭宇文护势力，使宇文邕避免了走短命皇帝的老路，也把北周从内乱倾轧中解救出来。宇文护被杀以后，真正掌握北周大权的宇文邕，勤修政事，积极发展生产；

下令释放在战争中沦为奴隶的百姓，恢复他们的平民身份；继续推行均田制，减免租赋，兴修水利。公元561年，宇文邕宣布重新铸钱，命名为布泉，质量相当于之前的五倍，与五铢钱并行；还颁发了统一的度量衡，便利于商业交往。宇文邕不好奢侈，下令焚毁一些过于华丽的宫殿，修政为民，与民休息。这等措施的施行，增加了劳动人口，也提高了人民的生产积极性，促进了北周经济的发展，终于使弱于北齐的北周转弱为强。

宇文邕在诛杀宇文护及其党羽后，规定六府不必听命于大冢宰，以分化大冢宰的权力，使西魏宇文泰以来独揽政权的大冢宰成为虚职，从而有效加强了皇权。公元573年，周武帝下令吸收均田上的汉族农民充当府兵。当兵者本人可以免除租调和徭役，家庭三年内不交纳租调和服徭役，使原来为地方豪强大族所控制的农民，直接为朝廷所掌握。在改革府兵制的基础上，宇文邕还改军士为侍官，以加强军队和皇帝的亲近关系，用以改变过去府兵专属于某一军队统帅的传统，使其直接隶属于君主。这样一来，军队分权的倾向有所改变，皇帝对全国军事劲旅的掌握更为紧密。宇文邕果断打击世族和豪族势力，规定凡隐五户及十丁以上、隐地三顷以上者为死罪，严厉打击了南北朝时期普遍存在的大地主荫护土地人口的行为。

宇文邕即位以来，各地寺院占有大量肥沃土地和众多人口，而且不承担徭役租税，大灾之年不恤灾民，还乘机囤积土地，严重影响国家财政收入和兵士来源，削弱国力。公元 574 年，宇文邕下令灭佛，断佛道二教，经像悉毁，令沙门道士还俗为民，并禁所有淫祀。在公元 577 年灭掉北齐以后，将这一政策推广到原北齐全境，将整个中原地区 4 万余所寺庙变为王公宅第，300 多万僧尼成为政府编户百姓，不仅增加了朝廷财政收入，扩充了军队，更为重要的是扭转了世风，使北周的国力大大增强。

宇文邕是一位有着雄才大略的皇帝，在国家经济不断发展，军队不断扩充，国力增强以后，开始筹划消灭北齐，统一北方。公元 575 年，宇文邕调集 18 万大军，分为三路开赴齐境。宇文邕亲率 6 万大军直指河阴（今河南洛阳东北），其余各路进攻顺利，接连攻克北齐 30 多座城池。但因宇文邕中途患病，只好全军撤回。这次战役虽然没有攻灭北齐，但沉重打击了北齐军力国力，使北齐元气大伤。公元 576 年十月，经过休整，宇文邕再次亲率大军出发，兵分三路，直取北齐晋州。齐后主高纬的援兵尚未到达，北齐晋州守将侯子钦、崔京嵩便献城投降，北周军队在降将的接应下，攻克了晋州城，俘虏齐军八千人。十一月，齐后主率援军到达平阳（今山西临汾），将平阳紧紧包围，昼夜攻打。十二月，宇文邕率兵 8 万支援平阳，大败北齐援军，斩杀万余人，齐后主败逃至邺。公元 577 年正月，宇文邕率军继续追击，攻下邺城，最后将齐后主高纬及幼主高恒俘获，北齐灭亡。周武帝宇文邕灭齐，结束了北魏分裂以来的割据战乱局面，再次统一了北方，为之后隋统一全国奠定了基础。

灭齐以后，北周国力达到鼎盛。宇文邕继续推行各种有利于经济和军事发展的措施，接着攻取了江北、淮南等地，使北周的疆土扩展到长江北岸。

公元 578 年，突厥骚扰北周边境，宇文邕率五路大军讨伐。多年的征战使宇文邕积劳成疾。出兵不久，宇文邕旧病复发，多日不见好转。宇文邕自知时日无多，于是下令停止进军，并召宇文孝伯叮嘱后事，当即任宇文孝伯为司卫上大夫，统率宿卫兵。又命宇文孝伯快马赶回京城长安镇守，以防不测。同年六月一日宇文邕病逝，其在位19 年，终年 36 岁。

4. 宣帝宇文赟（yūn）

公元 578 年六月二日，20 岁太子宇文赟继承帝位。宇文赟出生于公元 559 年，为宇文邕长子，母亲李娥姿。公元 561 年五月，三岁的宇文赟被封为鲁国公；公元 572 年四月立为皇太子；公元 573 年受诏命视察西部地区，同

年迎娶随国公杨坚长女杨丽华为太子妃；公元 574 年文宣
太后叱奴氏去世，周武帝宇文邕为母居丧期间，诏命宇文
赟总理朝政五十天；宇文邕每次外出视察，宇文赟监理
朝政。

宇文赟少年时，乐于与一帮无赖混在一起，宇文邕对
他很不放心，管教也就十分严格。只要宇文赟犯错，宇文
邕都会严加训斥，多时还会棍棒相加，但宇文赟长进不
大。为了树立太子威望，宇文邕曾于公元 576 年命他巡抚
西部边境，讨伐吐谷浑。不料，宇文赟一路尽与郑译、王
端等人狎玩，狼藉声名传扬一路。大军返回以后，宇文邕
听部下报告，大为光火，下令痛打太子，并将郑译等人开
除。可惜宇文赟并无丝毫悔改，不久又将郑译等人召回
东宫。

宇文邕要求太子每次朝见，行为举止应和大臣一样，
即使酷暑严冬，也不准误时或缺席。宇文赟性好饮酒，宇
文邕禁止酒和与酒相关的饮品食物送到东宫。宇文赟每次
有重大错误，北周武帝就用棍棒、鞭子痛打，并命令东宫
官员记录宇文赟的言行，每月向他汇报。宇文赟惮于父皇
威力，更担心太子被废，就竭力压抑自己好酒好色的癖
好，和众多臣下一样，五六点钟仁立于门外等待早朝。这
样一来，也就骗过了东宫官吏，隐瞒了众多恶行。

公元 578 年五月，宇文邕在征伐突厥的进军途中突然

得病，六月初一日去世，宇文赟于次日登极。当盼望已久的皇位到手，宇文赟即刻现出原形。当时其父尚未入殓，宇文赟将父皇嫔妃宫女悉数召于当面，挑选其中俊俏者照人全收，纳入自己后宫。与此同时，下令破格提升为他出谋划策的郑译为开府仪同大将军、内史中大夫，委以朝政。

宇文赟即位之后，沉湎酒色，效法后赵皇帝石虎，并立五位皇后，大肆装饰宫殿，滥施刑罚，经常派亲信监视大臣言行。公元 578 年六月，杀皇叔齐王宇文宪，导致宗室势力更加衰落。

宇文赟在皇帝宝座快活了一年，由于只顾贪恋酒色，不愿上朝，于是在公元 579 年二月，宣布传位给太子宇文阐，称自己为天元皇帝。成为太上皇之后，宇文赟更加为所欲为。他自称所居宫殿为"天台"，对臣下讲话改"朕"为"天"，吃饭时用樽、彝、瓒等古怪食具；大臣朝见时，必须事先吃斋三日、净身一天。由于长期无度淫乱，导致精神紊乱，情绪暴动，常常会因小事鞭笞旁人，连皇后也不放过。每次打人，硬要打足 120 棍，还美其名曰"天杖"。

如此昏庸的宇文赟，于公元 578 年八月派遣大使巡视各州，并制定九条律令宣示各州郡执行。这九条律令中包括判决罪犯，必须依据法律条文；母族服丧期满者听任再婚；郡县境内出现盗贼而未能擒获者应上报；孝子孝孙、义夫节妇应在家乡表彰，其才能可当任用者，应立即举荐；凡从前曾经效力而名望地位不高，或沉沦民间，有文武之才者，应当访求，将其姓名上报；七品以上官员，已下令录用，八品以下官员以及品外之人，如想入仕，都听任参加预选，降两级授给官职；州举荐高才博学者为秀才，郡举荐通经高行者为孝廉，上等州、上等郡每年举荐一人，下等州、下等郡每三年举荐一人；年龄在七十以上者，依照规则授给官职，凡鳏寡穷困难以自理者，应一律予以赈济等，实为善政之举。

由于长期纵情声色，宇文赟的身体弱不禁风。一次出游中略感风寒，从此一病不起，而且十分严重。公元580年五月二十四日宇文赟病危之时，御正下大夫刘昉、内史上大夫郑译伪造诏书，由随国公杨坚接受遗命，辅佐朝政。当日，在位仅八个月的宇文赟在天德殿病逝，时年22岁。

宇文赟登位以后，邪恶本性随即喷发。他奢侈骄横，恣肆淫欲，猜忌近臣，诛杀皇族，无恶不作。次年二月二十日，宇文赟将皇位传于7岁太子宇文阐，自己封自己为天元皇帝而恣意妄为。公元580年五月十一日，宇文赟病逝，终年22岁。

5. 静帝宇文阐

公元 579 年二月二十日，7 岁太子宇文阐因其父禅让继承皇帝位。宇文阐出生于公元 573 年六月，为宇文赟长子，母亲朱满月。公元 579 年正月十一日，7 岁的宇文阐被封为鲁王，正月十六日立为皇太子。二月十九日，才当了几个月皇帝的宇文赟心血来潮，宣布传位于太子宇文阐，称自己为天元皇帝，以专心致志昏庸荒淫。七月，在父亲的安排下，宇文阐娶大后承司马消难的女儿司马令姬做皇后。宇文赟之所以这样安排，实乃计划通过此举，提升司马消难的地位，用以削弱杨坚在朝中的实力。

不过，由于荒淫无度，公元 580 年五月，偶感风寒的宇文赟竟然一病不起，而且一命呜呼。年仅 9 岁的宇文阐，本身没有多强意识和多少能力来制约杨坚。宇文赟去世后，杨坚通过假诏以大丞相、都督中外军事的身份辅政，不久又以宇文阐诏书控制了卫戍部队。由此，杨坚掌握了朝廷的一切军政大权，宇文阐成为一个摆设。

杨坚执掌政权以后，采取一系列措施巩固自己的地位。杨坚发展一批具有政治才干的能臣武将作为亲信，建立起自己的统治核心；清除宗室宇文氏的势力，废除宇文氏对汉人的所有赐姓，恢复原来的汉姓，进一步削弱宇文氏的影响；废除宇文赟时期的严刑峻法；停止正在营建的洛阳宫殿，减轻农民的徭赋；对于一些地方反叛势力，或强力征伐，或分化瓦解，经过半年时间，地方反叛势力全部平定，杨坚基本控制了整个北周。之后，杨坚改随国公为随王，封独孤氏为王后，杨勇为世子，设二十州为随国。公元581年二月，宇文阐被迫让位于杨坚，北周灭亡。杨坚封宇文阐为介国公，食邑万户。三个月后，杨坚派人杀死宇文阐。宇文阐在位3年，终年9岁。